Qui sont les Témoins de Jéhovah ?

Les origines

Du même auteur

Histoire Insolite et Secrète des Témoins de Jéhovah
  BoD, 2015, 2017

Santé et Sexualité chez les Témoins de Jéhovah
  BoD, 2018

Alexandre CAUCHOIS

Qui sont les Témoins de Jéhovah ?

Les origines

BoD

Tous droits de reproduction et d'adaptation réservés pour tous pays.

« Jésus a fourni un principe permettant d'analyser objectivement une religion. Il a dit : "Chaque arbre se reconnaît à ses fruits." (Luc 6:44, Bible en français courant) »

La Tour de Garde, juillet 2013.

2001 - 2018
« La vérité vous libèrera. »

Sommaire

Avant-propos	**13**
Introduction	**15**
Avant les *Témoins de Jéhovah*	**17**
Contexte religieux	*17*
Enfance de Charles Taze Russell	*19*
L'Adventisme	*20*
Russell se cherche	*22*
La Société Théosophique	*25*
Les *Étudiants de la Bible*	**33**
Charles écrit son premier livre	*37*
Premières prophéties	*37*
Naissance de la Tour de Russell	*40*
L'expansion économique	**43**
Début du prosélytisme	*45*

Pasteur Russell	*46*
Des bas… et beaucoup de hauts	*47*
Prophétie : l'anarchie puis Armageddon	*49*
L'œuvre se structure	*49*
Soutien au sionisme	*50*
La pyramide de Gizeh parle de 1914	*60*
La mainmise de Russell	*63*
Maria Russell	*65*
L'empire s'étend !	*68*
Un soutien entier au sionisme	*69*
Et le mépris des Noirs	*73*
L'aide des Franc-maçons	*75*
Deux décès importants	*79*
L'Empire s'agrandit	*80*
Et l'œuvre s'internationalise plus encore	*82*
Une période de déboires	**89**
Une escroquerie d'envergure	*89*
De nouveaux outils de propagande	*93*
Tensions interethniques	*96*
Il ne se passe rien en 1914	*98*
Charles Taze Russell n'y croyait pas	*104*
Des règles évoluent	*106*

Participation à la guerre	*108*
Rutherford quitte le Siège	*108*
Décès de Russell	*109*
Rutherford s'empare de l'entreprise	*112*

Charles Taze Russell aujourd'hui — 115

Jésus, fondateur de l'entreprise	*115*
Russell le misanthrope	*116*

Conclusion — 123

À propos de l'auteur — 127

Avant-propos

Dans le livre *Histoire Insolite et Secrète des Témoins de Jéhovah*, j'ai rapporté l'ensemble des éléments trouvés au cours d'années de recherche, classés par date. Et assurément ces éléments ont surpris, souvent choqué, dans tous les cas parlé irrémédiablement à tout membre actif des *Témoins de Jéhovah*.

En trois ans, des dizaines de fidèles m'ont écrit de France, de Belgique, de Suisse et du Canada. D'abord déconcertés par ce qu'ils apprenaient, ils ont trouvé dans le livre suffisamment de raisons de cesser de suivre l'entreprise.

Je garde ainsi en souvenir l'appel téléphonique d'un homme, « ancien » dans sa congrégation (responsable local), qui a décidé à la fin de sa lecture de rompre ses relations avec la *Watchtower*. Voilà la raison pour laquelle je consacre depuis tant d'années de très longues heures à la recherche sur le Jéhovisme.

Il était temps de s'attarder sur la vie du fondateur de ce courant religieux. Bien sûr, la *Watchtower* a déjà elle-même parlé de long en large de Charles Taze Russell, de son enfance, de son désir inaltérable de diffuser la parole de Jésus... Mais elle a omis tant de choses !

Dans *Histoire Insolite et Secrète des Témoins de Jéhovah*, j'ai moi-même été dupé une nouvelle fois par la *Watchtower*. Car elle avait encore des choses à cacher, à conserver secrètes... La société a ainsi évoqué les origines protestantes du mouvement, parlant sans difficulté par exemple d'adventisme. Et comme tous, je me suis appuyé sur cela pour établir une chronologie des événements et croyances. Mais il fallait continuer de creuser, aller beaucoup, beaucoup plus loin, pour découvrir que certains des aspects les plus importants du Jéhovisme n'ont strictement rien à voir avec l'histoire officielle, ni même simplement avec le christianisme.

Comme il se devait, c'est donc une histoire réécrite qui vous est présentée ici, résultat de recherches effectuées sans à priori, c'est à dire en reprenant le travail depuis le commencement, et avec le souci de comprendre la réalité des faits quels qu'ils soient. Et cette histoire permet de découvrir que les *Témoins de Jéhovah* ne sont pas un mouvement religieux aussi original que le prétend la *Watchtower*, mais le cumul des pérégrinations d'un homme d'affaires.

Introduction

Charles Taze Russell a inventé bien peu de choses. « Bien sûr, indiqueront avec satisfaction les *Témoins de Jéhovah*, puisque c'est Jésus qui est à l'origine de nos croyances ! »

Pourtant, le Christ de la Bible n'a semble-t-il jamais parlé de la pyramide de Gizeh, ni de son retour de manière invisible à la fin du XIXème siècle ou de l'enlèvement au ciel des membres de son mouvement... Tout comme il n'a jamais utilisé le nom de « Jéhovah » pour parler de Dieu. Même le nom de l'entreprise, « *Watch Tower* », c'est à dire « La Tour de Garde », est une expression reprise à un contemporain du Président de l'entreprise.

À contrario, des auteurs contemporains ont inspiré très largement le fondateur des *Étudiants de la Bible*. Il a fait siennes des croyances venues de toutes parts, les a associées même lorsqu'elles étaient contradictoires, les a réécrites et s'est même payé le luxe de dire que d'autres pensaient comme lui.

Ainsi, les *Témoins de Jéhovah* sont fiers de leurs Sièges nationaux, qui portent avec orgueil le nom de « Béthel », c'est à dire nous indiquent-ils « Maison de Dieu » en hébreu. Mais comme pour tout le reste, ce n'est guère une création originale. Les vêtements, les discours, tout chez Charles Taze Russell est copié sur des collègues et concurrents. Il a surfé sur les bonnes idées, tout simplement, avec énormément de volonté et un charisme essentiel à la réussite.

Pareillement, aujourd'hui les fidèles du mouvement répètent à l'envi que Charles Taze Russell a prophétisé le début de la Première Guerre Mondiale en 1914. Qu'en est-il vraiment ? Bien loin d'avoir affirmé cela, il expliquait au contraire que les *Témoins de Jéhovah* de l'époque allaient tous s'envoler au ciel bien avant octobre 1914, mois où Dieu devait détruire l'humanité désobéissante par le fameux Armageddon. Que s'est-il passé en octobre 1914 ? Rien de spécial, puisque la guerre a quant à elle commencé le 28 juillet 1914.

Mais qu'importe, Charles Taze Russell était un grand prophète ! Du moins pour quelques huit millions de fidèles aujourd'hui.

Avant les *Témoins de Jéhovah*

Contexte religieux

Les *Témoins de Jéhovah* sont nés sous le nom de *Étudiants de la Bible* aux États-Unis, en 1870.

Nous sommes alors en pleine période de « Réveil » protestant. Au cœur de la révolution industrielle, le monde change et les croyances et manières de vivre sa religion évoluent. La société occidentale se déchristianise.

L'Occident tourne ses yeux vers l'Orient afin d'y puiser des façons différentes de croire, de penser et même de vivre. Dès le milieu du 19ème Siècle, on découvre en Europe comme aux États-Unis les traductions de textes bouddhistes et les premières études sérieuses de cette croyance. On trouve de grands philosophes dans cette quête, dont les Allemands Friedrich Nietzsche ou Arthur Schopenhauer, dans un pays où être protestant ou catholique, dans tous les cas chrétien, est la norme.

Aux États-Unis, le protestantisme prend la forme de nombreuses ramifications. Des courants nouveaux s'ajoutent à ceux déjà existants, les uns se développant à l'international, les autres ayant un faible rayon d'action et souvent une courte existence.

Ainsi, les *Christadelphes* apparaissent en 1844, le *Darbysme* en 1848, l'*Église de Dieu* en 1850, la *Conférence Évangélique Américaine* et l'*Église de Dieu du Septième Jour* en 1858, l'*Église des Adventistes Chrétiens*, l'*Église Chrétienne de l'Avent Primitif* et l'*Église Adventiste du Septième Jour* en 1860, l'*Union de l'Avènement de la Vie* en 1863, les *Adventistes de l'Âge à Venir* en 1885, le *Pentecôtisme* en 1901, l'*Église de Dieu de la Foi Abrahamique* en 1921.

Dans le même temps, de nouvelles croyances naissent, comme le *Mormonisme* en 1830, la *Societas Rosicruciana in Anglia* en 1867, les *Vieux-Catholiques* en 1870, la *Société Théosophique* en 1875, la *Golden Dawn* en 1887, l'*Ordre Kabbalistique de la Rose-Croix* en 1888, la plus ou moins satanique *OTO* (*Ordo Templi Orientis*) en 1902 ou l'*AMORC* (*Ancien et Mystique Ordre de la Rose-Croix*) en 1915.

Sur la même période, la Franc-maçonnerie, née au 18ème Siècle, vit de fortes révolutions internes, faites de guerres intestinales ; l'une d'entre elles tient à la place qui doit être faite à Dieu, le Grand Architecte De L'Univers. Des rites laïcs s'opposent dorénavant aux originaux, chrétiens. Nous retrouvons par ailleurs sur cette période de nombreux franc-maçons à l'origine de mouvements religieux : *Adventisme, Rose-Croix, Théosophie* par exemple ont pour fondateur direct un ou une membre de Loge. Et les *Témoins de Jéhovah* ne font pas exception à la règle.

Enfance de Charles Taze Russell

C'est au cœur même de cette évolution forte des croyances que naît le 16 février 1852 Charles Taze Russell.

Ses parents, Ann Eliza Birmey et Joseph Lytle Russell, ne sont aux États-Unis que depuis 13 ans. Ils ont quitté l'Irlande sans un sou, se faisant financer un voyage en aller simple. Ce n'est d'ailleurs pas le premier grand voyage pour cette famille, puisque Rössel est un nom d'origine allemande, tiré des mots poulain et chevalier dans un dialecte local. Le nom évolue en Russell à l'arrivée de la famille en Irlande. Des sources évoquent également l'idée qu'il pourrait s'agir d'une ancienne famille juive.

Ils s'installent à Allegheny, en Pennsylvanie, ville qui accueille de nombreux Européens, en raison du développement rapide de la production d'acier. Allegheny porte d'ailleurs le surnom de *Ville de l'acier*. Joseph crée rapidement une boutique de confection masculine, avec des périodes plus ou moins fastes, mais qui perdure jusqu'en 1883.

L'enfance de Charles est difficile. Son frère ainé, Thomas, né 2 ans avant lui, décède à l'âge de 5 ans. Il a 2 ans quand naît Margaret et 4 ans quand elle meurt. Lucinda vient au monde alors qu'il a 5 ans mais elle ne vit que quelques mois, elle aussi. Tout comme son dernier frère. A 9 ans, il pleure cette fois sa mère, âgée de seulement 36 ans.

De Ann Eliza, sa mère presbytérienne, Charles reçoit un enseignement religieux important. En 1912, le journal *La Tour de Garde* raconte qu'enfant, « il alla inscrire sur les murs et les barrières de sa ville natale des textes bibliques appelant les pécheurs à la repentance. »

Perdu, pas encore adolescent, le jeune Charles se cherche. Professionnellement, il commence à travailler dans la boutique de son père, alors qu'il a onze ans. Religieusement, il fait le tour des croyances, tant chrétiennes qu'orientales.

L'*Adventisme*

En 1818, William Miller, franc-maçon et fondateur de l'*Adventisme*, affirme à qui veut l'entendre que le Christ va revenir vers 1843-1844. La terre doit alors, selon ses mots, être « purifiée » pour qu'y vivent en paix « tous les saints », c'est à dire bien entendu les fidèles de son église qui ont démontré leur attachement à la Bible par leur baptême par immersion à l'âge adulte.

La date de 1843 correspond à une interprétation de ce qu'il juge être une prophétie biblique relative à notre époque, trouvée en Daniel. « Un jour pour Dieu » valant une année, il conclut que les 2300 jours de la prophétie de Daniel 8 verset 14 représentent 2300 années. Il fait démarrer cette période en 457 avant notre Ère, année où Artaxerxés Ier donne l'autorisation de reconstruction de Jérusalem et de son temple. Cela le mène donc en 1843.

Sur ce thème, il édite en 1834 le livre *Évidences de l'Écriture et de l'histoire de la seconde venue de Christ, vers 1843*.

Ce sont près de 150 000 personnes qui attendent ainsi le retour de Christ. Comme rien ne se produit, les *Adventistes spiritualistes* transforment leur croyance : ils parlent de retour spirituel, invisible, le 22 octobre 1844. De même, les *Adventistes du septième jour* affirment que Jésus a commencé ce jour-là une période de jugement de tous les humains en vie. En attendant un jour prochain l'Armageddon tant désiré.

Bien entendu, le fait que la prophétie ne se soit pas accomplie mène à la scission l'église. Plusieurs moutures naissent alors, développant des idées souvent en totale contradiction avec l'Adventisme primaire.

La divinité du Christ, la valeur de son sacrifice, la définition de la « Babylone » biblique (qui devient pour certains l'ensemble des fausses religions), l'immortalité de l'âme (pour quelques-uns, l'âme est le corps de l'homme, qui meurt et retourne à la poussière, ce qui fait de l'enfer comme du paradis céleste des notions non bibliques), la trinité (croyance antichrétienne pour la majorité) sont des points différenciant ces groupes. Mais tous, bien entendu, appuient leurs nouvelles croyances par des versets bibliques qui les rendent totalement et incontestablement vraies. Certains prophétisent par ailleurs le retour prochain du peuple d'Israël en Palestine, par la volonté divine ; de Jérusalem, capitale mondiale, le Christ dirigera ainsi prochainement l'humanité toute entière.

Russell se cherche

Une nuit, Charles Taze Russell a un rêve. Il avance dans un souterrain, dont l'air est étouffant. Avançant au milieu d'hommes allongés au sol, qui ne peuvent respirer, il se dirige vers une lumière au loin. C'est alors qu'il se réveille.

Pour lui, cela ne fait aucun doute : c'est un message divin. Tous ces hommes qui étouffent sont les humains, victimes des doctrines mensongères ; quant à lui, debout et avançant vers la lumière, il est un messager entre les mains de Dieu. Ce rêve, il le raconte à sa sœur, Margaret, qui le révèlera plus tard dans un sermon à la Convention internationale des *Étudiants de la Bible*, en 1907. Il se sent investi d'une mission.

Cette année-là, en 1869, alors qu'il a 17 ans, Russell se rend pour la première fois dans une église adventiste (l'*Église Chrétienne de l'Avènement*). Il y entend le discours d'un auteur opposé à l'immortalité de l'âme, Jonas Wendell, auteur en 1870 de *The Present Truth, or Meat in Due Season*, et qui affirme que 1873 verra le retour physique du Christ. Il adhère pleinement aux idées qu'il y entend et se lie d'amitié avec Jonas Wendell et un autre adventiste, Georges Storrs, l'un des grands prédicateurs du retour de Christ en 1873. Ce dernier, qui consacre deux années de sa vie à proclamer dans de nombreux discours publics le retour du Jésus, est déjà un auteur prolifique.

Georges Storrs est même le premier à utiliser l'expression « The Watch Tower », lorsqu'il écrit et édite en 1850 le livre *The Watch Tower, or Man in Death, and the Hope for a Future Life*. Dans ce livre, il commence par expliquer pourquoi il utilise le titre « *Tour de Garde* » : « Le gardien en chef du troupeau, dans les temps anciens, avait sa « tour de garde », d'où il pouvait surveiller son troupeau jusqu'au lieu de son pâturage le plus éloigné. »

Dans cet ouvrage, il soutient également qu'après le retour du Christ, il y aura la résurrection d'humains, qui vivront éternellement sur terre. Il bannit aussi la notion d'âme immortelle, qu'il qualifie de « doctrines et commandements d'hommes, des traditions mais pas une inspiration [divine]. »

Lorsque Georges Storrs finit par s'éloigner, déçu, des *Adventistes*, il fonde la revue *Bible Examiner*, dans laquelle Charles Taze Russell devient rédacteur en 1876, à l'âge de 24 ans.

L'un des textes de Charles Taze Russell pour le *Bible Examiner* s'appelle « Les Temps des Gentils : Quand prendront-ils fin ? » (paru en octobre 1876). Partant de l'idée que l'année de la destruction de Jérusalem par Cyrus, en 607 avant notre ère, est un évènement prophétique majeur, il développe un calcul qui mène à l'année 1914 pour affirmer que les « Temps des Gentils » prendront fin cette année-là. Seulement l'ensemble de la démonstration de Charles rencontre un problème important : jamais Cyrus n'a détruit Jérusalem en 607 avant notre ère, mais 20 ans plus tard, en 586 ou 587. Tout son calcul est donc basé sur une date de départ totalement erronée.

Alors qu'il a 21 ans, Charles voit naître près de son domicile un temple maçonnique, fondé par la *Grande Loge de Pennsylvanie*, qui pratique le *Rite d'York*. L'un des principaux emblèmes de ce rite est une croix penchée au milieu d'une couronne. Comme son père, Charles Taze Russell entre rapidement en maçonnerie. On trouve d'ailleurs aujourd'hui encore ses écrits dans la bibliothèque de la Loge.

La *Société Théosophique*

En 1877, Helena Blavatsky (de son vrai nom Helena Petrovna von Hahn), membre d'une loge maçonnique féminine (*Rite d'adoption*), Luciférienne et fondatrice de la *Société Théosophique*, pose de nouvelles croyances relatives à la grande pyramide de Gizeh, dans son livre *Isis Dévoilée*. Madame Blavatsky puise ses sources d'inspiration dans les multiples croyances existantes, le fantasme de l'Égypte étant à son apogée.

L'une de ces croyances phares est la pyramidologie. Un concept né simplement une dizaine d'années plus tôt, sous la plume de Charles Piazzi Smyth, un astronome Écossais. Avec sa femme il effectue des calculs poussés sur les pyramides de Gizeh, qu'il publie dans deux ouvrages, *Life and Work at the Great Pyramid* et *Our Inheritance in the Great Pyramid*.

Dans ses livres, Charles Piazzi Smyth affirme entre autres que la grande pyramide est une horloge astronomique, ou que le pouce, unité de mesure anglaise née au Moyen-âge, a également été utilisé par les Égyptiens à la fondation de la grande pyramide de Gizeh. De même, l'unité de volume anglaise serait née sur les berges du Nil, inspirée par

Dieu. D'ailleurs, la grande pyramide se trouve exactement au centre du monde... Il conclut son étude par l'idée que la structure de la grande pyramide a une signification prophétique moderne.

Lier l'un des plus grands monuments de l'antiquité avec l'histoire actuelle du monde. Voilà une idée qui plait assurément beaucoup ! D'autant que suppositions et superstitions sont nombreuses sur la pyramide de Khéops, alors que des dizaines d'égyptologues se rendent sur place pour l'étudier dans les détails.

Helena Blavatsky n'est pas seulement fan de *pyramidologie*. Elle rédige une étude du livre *De Arte Cabalistica* (*De l'Art Cabbalistique*), œuvre de 1517 de Johannes Reuchlin, philosophe et théologien de la Renaissance. Dans cet ouvrage, Reuchlin utilisait pour désigner Dieu le nom de « Jéhovah », contraction du Tétragramme YHWH et des voyelles issues du terme 'Adonaï', mot hébreu qui signifie 'Seigneur'. Ce nom, rejeté autant par les juifs que par les chrétiens, est repris par Helena Blavatsky dans ses ouvrages. Dans sa *Doctrine Secrète*, édité en 1888, le nom de Jéhovah apparaît ainsi à de nombreuses reprises.

Charles Taze Russell, passionné comme il se doit alors par la *pyramidologie*, s'intéresse aux écrits de Helena Blavatsky et reprend lui aussi le nom de Jéhovah pour nommer le Dieu biblique. Il faut dire qu'il s'agit d'un nom qui lui parle, puisqu'il a comme

Helena Blavatsky des accointances fortes avec la Franc-maçonnerie. Et pour certains d'entre eux, dont Charles Taze Russell, Jéhovah n'est rien de moins que le nom du Grand Architecte De L'Univers.

La devise de la *Société Théosophique* d'Helena Blavatsky mérite que l'on s'y intéresse également : « Il n'y a pas de religion supérieure à la vérité ». De même, Charles refusera toute sa vie d'être assimilé à une religion. La *Watchtower* fera même paraître en 1933 un texte affirmant que « La religion est un piège et une escroquerie. » À contrario, Charles Taze Russell comme ses successeurs soutiennent depuis ses origines détenir la Vérité ; les *Témoins de Jéhovah* se définissent d'ailleurs actuellement comme vivant « dans la Vérité ».

L'un des mouvements qui utilise également le nom de Jéhovah est le *Luciférisme*, auquel adhère Helena Blavatsky. Il s'agit d'un courant dont John Milton est précurseur. Cet auteur, à qui l'on doit entre autre *Le Paradis Perdu*, *Le Paradis Retrouvé* et le *Traité de la Doctrine Chrétienne*, conforte Charles Taze Russell dans l'idée que l'âme est la personne et que donc elle peut mourir. John Milton soutenait par ailleurs que Jésus était inférieur à Dieu. *La Tour de Garde* du 15 septembre 2007 voue plusieurs pages à cet auteur dont certaines croyances ont inspiré Charles Taze Russell. Notez pour la petite histoire que la *Watchtower* a rendu un hommage discret à

John Milton en nommant un de ses livres *Du Paradis Perdu au Paradis Retrouvé* (paru en 1961 en langue française).

Charles Taze Russell s'inspire aussi largement des croyances de Charles Piazzi Smyth pour l'écriture de son propre livre, *Le Divin Plan des Âges*. Il développe ainsi l'idée selon laquelle Dieu aurait guidé la création de la grande pyramide de Gizeh, et il reprend aussi à son compte la croyance de l'existence du pouce anglais dans l'antiquité. Il est convaincu alors qu'on retrouve également dans les mesures des pièces de la pyramide la durée de vie terrestre de Jésus (33 pouces, donc 33 ans)...

Charles Taze Russell puise ainsi dans toutes sortes de croyances et semble s'intéresser à tous les courants religieux. *Bouddhisme*, *Théosophie*, *Confucianisme*, ont une part prépondérante dans ses recherches. Il devient également membre de l'*église congrégationniste* (ou *Hopkinsians*, mouvement chrétien fondé par Samuel Hopkins, qui croit entre autres en la prédestination absolue).

Il adhère à l'*Union Chrétienne des Jeunes Gens* (UCJG, la fameuse *YMCA*, que chantera plus tard le groupe *Village People*). Le texte fondateur de l'UCJG, dit 'Base de Paris', donne le sens de cette association : « Les *Unions Chrétiennes de Jeunes Gens* ont pour but de réunir les jeunes gens qui, regardant Jésus-Christ comme leur Sauveur et leur Dieu selon les Saintes Écritures, veulent être ses disciples dans leur foi et dans leur vie et travailler ensemble et étendre parmi les jeunes gens le règne de leur Maître. »

Une autre rencontre essentielle à la création des futurs *Témoins de Jéhovah* attend Charles Taze Russell. C'est celle de William Henry Conley. Cet homme, qui a 12 ans de plus que Charles, est un riche misanthrope chrétien.

Professionnel de l'édition, il est à l'âge de trente ans l'un des fondateurs du premier groupe d'*Étudiants de la Bible*, aux côtés de Charles Taze Russell. En 1880, âgé de quarante ans, il devient l'un des quatre actionnaires et le premier Président de *The Zion's Watch Tower Tract Society*, Siège de la maison d'édition des futurs *Témoins de Jéhovah*. Il finance activement les impressions de l'entreprise.

Il intègre également le directoire de la *Third National Bank*, du *St John's General Hospital* et est vice-Président de *Home for Colored Children*. Il fonde par ailleurs la *Riter-Conley Company*, société qui connaît un succès indéniable dans le chemin de fer. La *Riter-Conley Company* travaille entre autres pour la ligne de chemin de fer du Grand Nord américain. La période est particulièrement prospère en la matière, le train s'imposant alors dans tout le pays.

La maison de William Henry Conley porte le nom de *Béthel*, ce qui en hébreu signifie *Maison de Dieu*. La *Watchtower* reprendra par la suite le nom de

Béthel pour nommer chacun de ses Sièges nationaux. C'est toujours le cas en 2018.

Continuant de fréquenter des chrétiens de tous groupes, Conley finance également l'édition du livre *Theocratic Kingdom*, de George N.H. Peters. Dans le journal *La Tour de Garde de Sion* de mai 1883, les *Étudiants de la Bible* de Russell déconseillent la lecture de cet ouvrage en trois volumes, qui diffusent selon eux des erreurs de croyance.

Dans le même temps, William Henry Conley finance l'*Alliance Missionnaire Internationale* (*IMA*) et contribue pleinement à l'*Alliance Chrétienne et Missionnaire* (*ACM*), regroupement d'églises chrétiennes évangéliques. On retrouve dans le logo de l'ACM les symboles de la croix et de la couronne, symbolisant le Salut grâce à la résurrection du Christ (la croix) et son retour imminent (la couronne). Ces deux éléments seront également présents dans le logo des *Étudiants de la Bible* fondés par Russell. Autres points de convergence entre les deux confessions : le baptême d'eau par immersion et l'engagement à prêcher l'évangile. (Toujours existante, l'*Alliance Chrétienne et Missionnaire* compte plus de trois millions de fidèles à travers le monde au début des années 2000.)

Des désaccords doctrinaux profonds apparaissent entre Russell et Conley, qui font qu'en juillet 1897 le journal *Zion's Watch Tower* ne diffusera pas l'information du décès de l'homme sans qui l'œuvre n'aurait jamais pu démarrer. Conley laisse à sa femme une fortune de près de 500 000 dollars (l'équivalent de treize millions de dollars actuels), dont une grande partie est redistribuée par la veuve à des œuvres chrétiennes.

Les *Étudiants de la Bible*

L'année 1870 est particulièrement difficile pour la famille Russell. L'entreprise familiale périclite et leurs possessions sont alors estimées à seulement 2000 dollars (l'équivalent d'environ 50 000$ actuels).

C'est cette année-là que Charles Taze Russell, qui entre temps s'est fait baptiser par immersion complète chez les adventistes, et William Henry Conley s'associent pour créer ensemble le premier groupe d'*Étudiants de la Bible* à Pittsburg, en Pennsylvanie. Il s'agit d'un groupe d'amis chrétiens des villes de Pittsburg et d'Allegheny, qui se réunit pour étudier ensemble des textes bibliques. Ils élaborent les bases de leurs croyances, et cela de manière collégiale.

L'un de ses premiers collaborateurs écrit à ce sujet : « L'un d'eux soulevait une question. Ils en discutaient. Ils prenaient tous les versets qui se rapportaient au sujet, puis, lorsqu'ils étaient satisfaits quant à l'harmonie de ces textes, ils formulaient leur conclusion et la mettaient par écrit. »

Le groupe se réunit ainsi de 1870 à 1875 de manière continue. Il donne naissance aux premières croyances des *Étudiants de la Bible*, fondées exclusivement sur une lecture littérale de la Bible, seule source d'inspiration divine et qui ne peut être contredite. Leurs principales croyances de base sont que l'âme humaine n'est pas immortelle mais que l'âme est le corps physique de l'individu et que le sacrifice de Jésus est « rédempteur » pour l'ensemble de l'humanité.

Les *Étudiants de la Bible* sont une goutte d'eau au milieu du « Réveil » religieux en cours au sein du protestantisme. Les adhérents à ces religions naissantes portent le nom de « Revivalistes ». Les Pasteurs, souvent autoproclamés, sont facilement identifiables par leur tenue, sombre et stricte et par leur œuvre de missionnaire. Ils réalisent par ailleurs de grands rassemblements en de multiples endroits, où sont donnés des discours de plusieurs heures, Bible à l'appui. L'entrée y est libre et des tracts sont diffusés généralement dans la rue pour inviter tout un chacun à s'y rendre.

Charles Taze Russell embrasse totalement l'ensemble des codes liés à ce « Réveil » religieux.

Et il attend avec impatience 1874, puisqu'il partage toujours la croyance que le « Retour de

Christ » doit avoir lieu cette année-là, de manière visible. C'est donc l'Armageddon qui doit avoir lieu.

Ils sont nombreux dans les rangs du Réveil à attendre l'Armageddon pour 1874. Le Rédacteur en chef du journal *Herald of the Morning*, organe du *Second Adventisme*, Nelson Barbour, a lui aussi la même conviction. En janvier 1876, Charles reçoit un numéro de ce journal. Il s'aperçoit que celui-ci développe sensiblement les mêmes idées que son groupe d'*Étudiants de la Bible*. Se trouve également dans ce journal un autre rédacteur qui a une influence dans les croyances de Charles, un certain John Paton, lui aussi adventiste et franc-maçon.

En août 1876, les trois hommes, Charles Taze Russell, Nelson Barbour et John Paton, se rencontrent. Charles représente alors la revue adventiste de Georges Storrs, *Bible Examiner*, pour laquelle il est rédacteur depuis quelques mois. Au cours de l'entretien, Charles se laisse convaincre que le Christ est revenu de manière invisible en 1874. Les trois hommes s'accordent pour dire qu'ils ont prophétisé une bonne date, mais qu'ils se sont juste trompés sur l'évènement lié à cette année.

Car 1875 est passé et la fin du monde « méchant » n'a pas eue lieu. Charles élabore une nouvelle prophétie : 1874, année donc du retour du Christ de manière invisible, fait démarrer une période de quarante ans, avant que Dieu ne détruise le « système de choses actuelles ». L'Armageddon est dorénavant programmé pour octobre 1914. Afin de définir cette nouvelle date prophétique, la chronologie retenue par Charles Taze Russell tient compte de la destruction de Jérusalem en 607 avant Jésus-Christ. Pourtant, l'intégralité des historiens datent cet événement de l'année 587.

Notez que Charles Taze Russell n'élabore pas dans les détails cette prophétie, mais qu'il s'appuie sur le travail du Britannique John Aquila Brown. Cet auteur a en effet écrit l'ensemble des éléments utilisés par Charles, dès 1823 ; seulement les chiffres ne servaient pas de base pour prophétiser l'année 1914, mais 1917. Charles et Nelson Barbour détricotent le travail de cet autre auteur et réécrivent complètement la prophétie, en utilisant strictement le même mode de calcul. Ils font arriver tous les deux leurs chiffres à l'année 1914... en faisant une erreur de calcul basique.

Au sein du *Bible Examiner*, Charles Taze Russell côtoie également un autre rédacteur, Charles Piazzi Smith, qui écrit en juin 1876 un article soutenant que la grande pyramide de Gizeh, en Égypte, annonce prophétiquement la seconde venue visible de Jésus sur terre. Charles adhère totalement à cette nouvelle croyance.

Charles écrit son premier livre

L'année 1877 est une année charnière pour Charles Taze Russell, qui n'est âgé alors que de 25 ans.

Il ne peut se contenter d'écrire des articles pour les autres et lance sa première brochure, qu'il rédige intégralement, *The Object and Manner of Our Lord's Return*.

Avec Nelson Barbour, il rédige également *Three Worlds, and the Harvest of This World*. Ils signent un texte qui explique que la présence invisible de Jésus est en cours depuis l'automne 1874 et que celui-ci interviendrait de manière visible, par l'Armageddon, en automne 1914. Quant aux *Étudiants de la Bible*, l'ouvrage nous apprend qu'ils doivent être enlevés au ciel en avril 1878.

Le journal religieux *Herald of the Morning* périclite par défaut de moyens financiers. Charles en fait l'acquisition cette même année de 1877, devenant ainsi son propre patron de Presse.

Premières prophéties

1878

On l'a vu au-dessus, les Saints, c'est à dire les Étudiants de la Bible fidèles aux croyances du mouvement, vont être appelés au ciel pour régner aux côtés de Jésus au printemps de l'année 1878.

1914

À compter de 1876, Charles Taze Russell met l'accent sur l'Armageddon, qui doit définitivement arriver en automne 1914, alors que les *Étudiants de la Bible* occupent déjà leurs postes au ciel.

Mais il ne se contente pas de ces petites mais importantes prophéties, puisqu'elles concernent l'humanité toute entière.

Israël

En 1877, il proclame que le « retour du peuple juif sur sa terre » est imminent.

Il explique qu'il y a eu une période de 1845 ans, allant de la mort de Jacob à la mort de Jésus en 33, nommée « période de faveur », durant laquelle Dieu a agi avec le peuple juif seul. De même, l'époque actuelle est une longue période de 1845 ans, dite de « défaveur et de souffrances », après laquelle le peuple juif rentrera chez lui, en Palestine. Grâce à ce calcul, il établit que le retour des Juifs sur leurs anciennes terres aura lieu à compter de 1878.

Charles va même plus loin en 1880, lorsqu'il écrit que « Beaucoup sont intéressés par la reconstruction de Jérusalem et le retour d'Israël selon la chair en Palestine comme l'établissement promis du « Royaume de Dieu » [...]. Nous croyons qu'Israël selon la chair sera, dans un avenir proche, reconnue comme la nation principale de la terre ». Il poursuit dans le même article : « Non seulement l'Éternel a commencé à les ramener [les Juifs en Palestine], mais Il pourvoit à leur accueil et à leur confort dès leur arrivée. »

Résurrection des anciens prophètes

Charles Taze Russell et Nelson Barbour soutiennent également que 1878 sera l'année de « l'avènement des Saints », dans le *Herald of the Morning*. L'événement ne se produisant pas, les trois rédacteur du journal, Charles Taze Russell, Nelson Barbour et John Paton, connaissent une période de désaccords fondamentaux.

Ainsi, en août 1878 Nelson Barbour écrit un article dans le *Herald of the Morning* qui met en cause l'idée de rançon du Christ, défendue par le Rédacteur en chef, Charles Taze Russell.

La réponse ne tarde pas, puisque le mois suivant Charles écrit un article intitulé « La Rédemption », toujours dans le *Herald of the Morning*, qui remet en cause le texte de Nelson Barbour. Pendant plusieurs mois, le journal rapporte ainsi les affirmations contradictoires des deux rédacteurs. S'ensuit logiquement la rupture, et Charles Taze Russell abandonne le *Herald of the Morning*.

Mais l'affaire n'aura pas été mauvaise, puisqu'en 1878, Charles Taze Russell, âgé de 26 ans, a déjà gagné grâce à ses activités la somme de 250 000 dollars, soit l'équivalent de 5,7 millions de dollars actuels.

Charles et Nelson Barbour n'ont plus de relation, mais John Paton reste un ami proche, puisqu'il préside en 1879 le mariage de Maria et Charles Taze Russell.

Naissance de la *Tour* de Russell

1879 est une année importante à plus d'un titre, puisque cette année-là Charles ne se contente pas de son mariage : il fonde la *Tower Publishing Company*. Il en est d'ailleurs l'unique actionnaire. L'entreprise est chargée d'éditer toutes les publications des *Étudiants de la Bible*.

C'est donc tout à fait logiquement que la *Tower Publishing Company* lance le 1er juillet 1879 son propre journal, sous le nom de *Zion's Watch Tower and Herald of Christ's Presence* (que nous nommerons *La Tour de Garde* dans la suite de cet ouvrage, par souci de simplification et puisque c'est sous ce nom qu'il est connu aujourd'hui). Le titre du journal est intéressant sous plusieurs aspects :

- *Zion*, ou Sion en français, renvoie bien entendu à l'importance du sionisme. Ce n'est pas n'importe quelle Tour de Garde, mais celle de Sion, s'élevant donc de ce qui doit devenir le centre du monde.
- *Watch Tower* fait de Charles le « gardien en chef du troupeau », ainsi que le disait

Georges Storss lorsqu'il utilisa le premier ce nom de « Tour de Garde ».
- *Herald* signifie « Héraut ». Cette expression se trouve alors dans le titre de plusieurs autres magazines du *Second Adventisme*.
- *Christ's Presence* est relatif à l'année 1874. Dans son titre même, le journal affirme sa croyance dans le retour du Christ de manière invisible en 1874.

À la rédaction, outre Charles Taze Russell, qui se nomme Rédacteur en chef et Éditeur, on retrouve une équipe qui compte aux yeux de Charles. Il y a ainsi John Paton, Maria Russell, Hugh Brown Rice, Lizzie Allen, Joseph Smith, Harriett Storrs, William Mann et John Sunderlin.

Le premier numéro est imprimé à 6000 exemplaires. Afin de s'assurer la réussite de ce nouveau journal, Charles achète à un périodique concurrent mais en difficulté financière la liste de ses abonnés, à qui il envoie gratuitement son journal.

La page 8 de ce premier numéro ne peut que surprendre. Charles Taze Russell y affirme en effet ce qui suit :

« Une vérité présentée par Satan lui-même est tout aussi vraie qu'une vérité annoncée par Dieu. Acceptez la vérité quel que soit l'endroit où vous la trouvez et peu importe ce qu'elle puisse contredire. »

Un premier recueil de 144 cantiques et hymnes, destiné aux *Étudiants de la Bible*, paraît également en 1879, sous le nom de *Cantiques de l'Épouse*.

L'expansion économique

Charles Taze Russell diversifie ses placements. Il fonde ainsi en 1879, avec son père et un autre associé, un commerce de ferraille, la *Russell & Thomas*. Il faut dire que les affaires vont bien et que Joseph Lytel Russell a besoin de placer l'héritage obtenu du décès de son frère Charles Tays, d'une valeur de 1000 dollars, soit l'équivalent de plus de 21 000 dollars actuels.

Charles Taze Russell lance également sa première tournée, pour le compte de son entreprise d'édition.

Ainsi, en 1880, il annonce dans *La Tour de Garde* le début d'un pèlerinage qui doit lui permettre de rencontrer de nombreux groupes d'*Étudiants de la Bible*, et cela dans plusieurs États américains. Ces groupes ont alors l'habitude de se réunir une à deux fois par semaine pour étudier ensemble les écrits de la *Tower Publishing Company*.

La même année paraît le livre *The Day Dawn or the Gospel in Type and Prophecy*. Sous la direction de

Charles, le livre de 333 pages est rédigé par John Paton. C'est d'ailleurs leur dernier travail en commun.

En effet, l'année suivante, en 1881, les *Étudiants de la Bible* connaissent leur premier schisme.

À compter de juin, Charles Taze Russell refuse les articles écrits par Paton, jusqu'à présent rédacteur régulier. John Paton est pourtant le bras droit de Charles et ce départ est lourd de conséquences, puisque d'autres rédacteurs quittent le navire : Lizzie Allen, Joseph Smith, Harriett Storrs, William Mann et John Sunderlin abandonnent la rédaction ensemble pour coécrire au sein du nouveau journal fondé par John Paton, *The World's Hope*.

Mais cela n'arrête pas Charles, puisqu'il décide de s'associer pour fonder une nouvelle société, cette fois non déclarée, *The Zion's Watch Tower Tract Society*. Celle-ci rachète les droits de la *Tower Publishing Company*.

Le Président de la nouvelle structure est William Henry Conley, riche misanthrope chrétien de 41 ans, professionnel de l'édition et membre du premier groupe d'*Étudiants de la Bible* auquel appartenait Charles Taze Russell.

Les actionnaires de l'entreprise sont : Charles Taze Russell (7000$), William Henry Conley (4000$), A. Jones (2000$) et John Lite Russell, le père de Charles (1000$). Le capital social de départ est donc de 14 000$, soit l'équivalent de plus de 300 000$ actuels.

Le principal financeur des impressions est bien entendu le richissime William Henry Conley.

En parallèle, Charles Taze Russell fonde avec son père la société *Pittsburgh Scrap Metal Compagny Limited*. Quant à l'entreprise familiale *J.L. Russell and Son*, dont Charles prend la direction, elle devient la *Russell and Co*. Elle est chargée de gérer les magasins familiaux.

Une croyance populaire chez les Témoins de Jéhovah, fortement portée par leurs Dirigeants, veut que Charles Taze Russell ait vendu tous ses biens pour consacrer sa fortune à « l'œuvre d'évangélisation ». Bien au contraire, il a su en permanence mener de front toutes ses activités, multipliant à l'envie les sociétés.

Début du prosélytisme

En 1881 a lieu la première campagne de prosélytisme des *Étudiants de la Bible*, en diffusant au public, dans la rue, les *Études des Écritures*, 7 tracts qui paraissent comme suppléments du journal *La Tour de Garde*.

En janvier, Charles définit une nouvelle prophétie à accomplir dans l'année. On la trouve dans *La Tour de Garde* sous ces termes :

« la moisson a commencé [en 1874], le rassemblement de l'épouse dans un lieu sûr occupe parallèlement une période de sept ans qui se termine en 1881. [...] Nous croyons que le Christ est maintenant présent, dans le sens qu'il a commencé à assumer son pouvoir et son règne. [...] L'enlèvement des saints et la fermeture de la porte auront lieu en 1881. »

Tous les « Saints » encore vivants, les fidèles qui étudient les écrits de Charles, doivent ainsi être élevés au ciel pour régner au côté de Jésus. Et cela doit intervenir dans le courant de l'année 1881.

Septembre voit aussi paraître le document *Nourriture pour les Chrétiens Réfléchis*, outil de propagande imprimé en 1 400 000 exemplaires.

Le Président de la *Zion's Watch Tower Tract Society* reçoit cette année-là en sa demeure, qu'il appelle « Maison de Dieu » en hébreu, soit « Bethel », le Mémorial de la mort du Christ. Charles Taze Russell s'est en effet laissé convaincre par Georges Storrs que cet évènement doit être célébré uniquement une fois par an et non pas chaque semaine.

Pasteur Russell

Charles Taze Russell est « élu » Pasteur par sa congrégation de Pittsburg en 1882. 500 autres congrégations lui décernent le même titre aux États-

Unis et en Grande-Bretagne dans les mois qui suivent.

Il use alors abondamment de ce titre, puisque tous ses livres portent dès lors en couverture la mention « Pasteur Russell ». Il en est de même sur les invitations aux conférences, qu'il réalise en de nombreux lieux aux États-Unis.

Des bas... et beaucoup de hauts

Les *Étudiants de la Bible* connaissent leur second schisme en 1882. Un nouveau magazine concurrent nait dans la foulée, sous la direction de Jones, le *Zion's Day Star*.

Mais cela n'arrête pas pour autant le rythme de parution des textes, puisqu'en 1882 on dénombre la sortie de 3 nouveaux documents, les brochures *Figures du Tabernacle* et *Plans de Sermons*, ainsi qu'un tract.

Quant à l'entreprise familiale de vente d'articles pour hommes, détenue par les Russell père et fils, elle cesse son activité. Tous leurs commerces sont ainsi mis en vente sur la période allant de 1882 à 1889. Il s'agit vraisemblablement de l'activité la moins profitable du groupe.

Mais les finances de Charles Taze Russell vont bien. Il profite d'ailleurs de son journal, *La Tour de Garde*, pour passer une annonce de mise en vente de terrains lui appartenant. Ce sont ainsi 40 parcelles qui sont vendues aux fidèles. Le bénéfice réalisé est de 1000 dollars, soit l'équivalent de près de 22 000 dollars actuels.

En décembre, il devient même le Président d'une nouvelle société, *The Zion's Watch Tower Tract Society*. Il n'a donc plus besoin des finances de William Henry Conley pour l'édition des écrits de son entreprise. La nouvelle structure rachète d'ailleurs tous les droits sur les publications déjà parues et sur les titres en cours. Maria Russell, l'épouse du « Pasteur », devient quant à elle membre du directoire et trésorière.

Le premier livre édité par la nouvelle entité est le *Divin Plan des Ages*, rédigé intégralement par Charles Taze Russell. Cet ouvrage devient la base des croyances des *Étudiants de la Bible* et le début d'une série en 6 volumes nommée *L'Aurore du Millénium*, qui seront renommés en 1904 *Études des Écritures*.

On trouve dans ce premier livre la croyance selon laquelle la grande pyramide de Gizeh renferme des prophéties pour cette époque. Ainsi, selon cet ouvrage, elle permet de définir le retour imminent de Jésus-Christ sur terre, de manière visible. Charles y affirme qu' « elle est un témoin corroborant le plan de Dieu. » La grande pyramide est en « harmonie » avec la Bible. Il soutient que « sa construction fut planifiée et dirigée par la sagesse divine, [...] c'est la stèle de témoignage dont a parlé le prophète. »

Et toujours en quête de nouvelles sources de revenus, Charles Taze Russell prend en 1886 un quart des parts de la *United States Lubric Oil Company*, société spécialisée dans le pétrole, le gaz et le charbon.

Prophétie : l'anarchie puis Armageddon

En 1888 paraît le livre *Le Temps est proche*, deuxième volume de la série *L'Aurore du Millénium*. Charles Taze Russell y explique que :

- 1874 fut l'année du retour du Christ,
- avant 1914 le Royaume de Dieu va être établi sur Terre,
- l'anarchie va alors régner,
- et en octobre 1914 aura lieu enfin l'Armageddon tant attendu.

L'œuvre se structure

Charles poursuit ses tournées au sein des groupes d'*Étudiants de la Bible*, entamant par exemple sa première tournée en Europe en 1891. Mais il ne peut être en permanence sur le terrain et doit déléguer.

Il crée donc en 1890 des postes de Surveillants itinérants, chargés de visiter régulièrement plusieurs groupes d'*Étudiants de la Bible*, afin d'assurer l'unité des croyances et des modes d'action. Il prend en cela exemple sur une église adventiste concurrente, L'*Église de Dieu*, qui depuis une quarantaine d'années a établi des évangélistes comme responsables régionaux.

Les premières assemblées rassemblant en un endroit des centaines d'*Étudiants de la Bible*, venus écouter le Pasteur Russell, à la façon des autres mouvements du « Réveil », sont tenues dès cette année.

Le message s'en prend d'ailleurs ouvertement aux protestants, avec la publication et la distribution dans les rues américaines de 4 tracts particulièrement virulents. Ils dénoncent les croyances et positions des protestants de manière directe. L'un des tracts se nomme ainsi *Protestants, réveillez-vous ! L'Esprit de la Grande Réforme est moribond. Comment le Clergé use maintenant de Tromperie.*

Soutien au sionisme

En 1890, Charles Taze Russell fait paraître un livre pro-sionisme nommé *Le Rétablissement d'Israël*.

Il va plus loin en écrivant l'année suivante un courrier aux banquiers, les Barons Hirsch de Gereuth et Louis von de Rothschild, qu'il publie dans le journal *La Tour de Garde*. Le courrier porte le titre « Proposition d'un nouveau gouvernement pour la Palestine ». Il y indique son attachement à la création d'un État juif en Palestine. Voici le texte complet :

Jérusalem, le 18 août 1891,

A l'Honorable BARON HIRSCH,

VOTRE HONNEUR : Moi, Chrétien, ami de la semence de Jacob, particulièrement à cause des promesses de Dieu qui leur appartiennent encore, et de la Terre Sainte, je vous écris sur un sujet qui, je le sais, vous tient très à cœur.

Afin que vous puissiez connaître l'intérêt que je porte à votre peuple, je vous ferai envoyer un exemplaire de deux de mes propres ouvrages, dans lesquels les promesses de Dieu faites à votre nation sont citées et commentées.

Je suis actuellement en Palestine, accompagné de mon épouse, visitant la Terre de la Promesse et son peuple, et examinant les perspectives de l'accomplissement proche des prédictions des prophètes. Comme vous le verrez à la lecture de mes ouvrages, nous nous rendons compte que selon le témoignage des prophètes votre nation sera grandement bénie et reviendra à la faveur divine entre ce moment présent et l'année 1915.

Nous croyons que les persécutions actuelles en Russie sont un signe de la faveur divine plutôt que le contraire. L'Éternel déclare qu'Il fera sortir les

Juifs de tous les pays où Il les a dispersés. Nous pensons que, loin de voir cette persécution s'apaiser, il se peut que dans un avenir proche on assiste à sa recrudescence importante au sein des différentes nations d'Europe où résident les Juifs.

Nous croyons que la Parole de l'Éternel enseigne que le peuple doit être, en grande partie, rassemblé dans la terre de la Palestine, et le fait que toute entrée dans ce pays a récemment été interdite nous porte à penser que le temps est venu d'y ouvrir les portes encore plus largement que jamais auparavant. Ceci semble être démontré par les paroles du Prophète. Voyez Jérémie 32 : 37-44 ; 33 : 6-22.

Étant donné que je ne possède pas un centimètre carré de terre dans ce pays, je ne peux pas être taxé d'agir égoïstement en proposant les suggestions qui suivent, qui me paraissent être la seule solution immédiate au problème. Ma suggestion porte sur toute la Syrie :

Les richesses de la Palestine s'élèvent à 100 000 livres sterling par an. Cette somme, cependant, est absorbée par le gouvernement local de la Palestine, et il est peu probable que la Turquie n'en reçoive jamais une piastre, sauf sous forme de primes payées par ceux qui obtiennent des positions officielles dans le pays. Il m'a été impossible d'obtenir des chiffres sérieux concernant les taxes de la Syrie, mais on peut à coup sûr supposer que les chiffres pour la Turquie ne sont pas meilleurs que ceux de la Palestine.

Ma suggestion est que les riches Hébreux achètent à la Turquie, selon une juste évaluation, tous les intérêts sur leurs biens dans ces pays, c'est-à-dire toutes les terres du gouvernement (terres n'appartenant pas à des propriétaires privés), sous la garantie que la Syrie et la Palestine soient constituées en ÉTATS LIBRES, dont le gouvernement sera confié aux mains d'un comité de treize directeurs. Un directeur serait choisi par chacun des gouvernements ci-après : Grande Bretagne et Irlande, France, Allemagne, Russie, Autriche, Italie, Turquie, Grèce et les États-Unis d'Amérique, à condition qu'ils approuvent le projet ; le reste des treize seraient élus par les suffrages du peuple syrien, avec la condition pour être éligible d'avoir résidé dans le pays pendant trois années consécutives.

La liberté religieuse devrait être entièrement assurée à tous les habitants. Chaque directeur devrait être résident dans le pays pendant sa période d'activité, et recevrait 1000 livres sterling par an, et aucun autre honoraire, émolument ou pot-de-vin, ne serait autorisé sous peine de disgrâce et d'exil. Ces directeurs nommés par les différents gouvernements seraient également les ministres plénipotentiaires de ces gouvernements, sans honoraires supplémentaires à cet effet.

Chacune des nations invitées à s'engager de manière représentative dans le gouvernement devrait donner une participation financière, disons de 10 000 livres, pour l'exécution du projet et comme preuve de son intérêt pour le bien-être du pays et de son peuple. Actuellement toutes les nations sont prêtes à accueillir les exilés russes ; et la pauvreté de la Turquie devrait faciliter l'achat de son patrimoine en Syrie à des prix raisonnables. J'imagine que ceci est un projet réalisable, car toutes les nations mentionnées ci-dessus s'intéressent à la Palestine, y ayant directement ou indirectement dépensé d'importantes sommes d'argent. Le projet d'en faire un état libre, sous le contrôle de tous, serait, je crois, satisfaisant pour tous ; alors que, mettre le pays sous le contrôle de l'un quelconque d'entre eux exclusivement, rencontrerait une vive opposition de la part des autres. Le pays devrait, cependant, être indépendant de toutes les autres nations, et seuls les directeurs représentants désignés pourraient intervenir.

Une constitution libérale devrait être élaborée, modifiable uniquement par le consentement d'au moins neuf sur les treize directeurs. Pour toutes les autres questions, la majorité déciderait en accord avec les restrictions de ladite Constitution.

Le sang nouveau et les nouvelles idées ainsi introduites au sein du gouvernement feraient rapidement leur effet sur le peuple et dans le pays, et ils avanceraient rapidement en tous points vers des conditions civilisées.

Vous êtes, sans aucun doute, bien au courant qu'en dépit des sommes importantes d'argent envoyées ici par les Hébreux mais pas seulement, beaucoup de gens sont loin de vivre dans le confort ; et tous conviendront que les deux choses les plus indispensables à ce pays sont un gouvernement sage, juste et efficace, et beaucoup d'eau.

L'eau est indispensable à la santé. L'odeur est pestilentielle lorsque l'on passe dans la cité, particulièrement dans les quartiers juifs. Je ne peux expliquer l'absence de certaines maladies que par l'extrême pureté de l'air de la montagne. Sous presque tous les autres climats une saleté et une sécheresse telles amèneraient certainement la peste. Dans un mois, m'a-t-on dit, l'eau sera vendue à deux ou trois piastres l'outre.

Le gouvernement actuel et les lois, bien que l'on affirme qu'il y ait beaucoup d'améliorations par rapport à celles du passé, sont, tous l'admettront, loin d'être bonnes. Les pauvres paysans sont dépossédés de presque tous leurs gains, d'abord par le prêteur de fonds -qui soutire entre 10 et 50 % d'intérêts- payés d'avance, et ensuite par le percepteur qui extorque tout ce qu'il peut de ce qui reste. De nombreux Juifs venant de Russie sont pauvres, contrairement à beaucoup d'autres qui sont riches. Apparemment ces derniers considèrent comme leur normal de tirer des bénéfices de leurs frères et de leurs voisins au lieu de les aider, alors que les premiers, suivant l'exemple des Roumains et des Grecs, pensent qu'il est de leur devoir de passer tout leur temps en prières et en célébrations, alors qu'ils vivent des dons d'amis européens et américains. Vos secours et ceux du Baron de Rothschild ainsi que ceux de Sir Moïse Montefiore ont apporté beaucoup de bien, et en apportent encore (excepté peut-être en ce qui concerne le paiement d'une certaine somme d'argent par personne destinée à l'entretien des colons, ce qui en encourage certains à multiplier leur descendance aussi rapidement que possible, pour augmenter leurs revenus).

Par conséquent, ce qui est nécessaire ici, après l'eau et la propreté, c'est un bon gouvernement qui protège le pauvre des rapaces et des riches.

Des institutions bancaires saines et faisant des affaires honnêtement, sont également grandement nécessaires. Les pauvres, m'a-t-on dit, cachent tout l'argent qu'ils peuvent économiser dans des trous qu'ils creusent dans la terre, où il est finalement perdu pour eux et pour le monde. Sans aucun doute, ceux-ci confieraient sans aucun doute leur argent à des banques dont l'honorabilité ne pourrait être mise en cause.

Étant donné que Jérusalem détient tant de richesses présentant un grand intérêt pour le monde civilisé aussi bien que pour les Juifs, je suggère, en outre, -et ce projet rencontrerait certainement la faveur générale- l'introduction dans la Constitution de clauses garantissant que Jérusalem resterait pratiquement comme elle est actuellement excepté qu'elle serait nettoyée, que toutes les boutiques et affaires seraient interdites à l'intérieur des murs, que des règlements sanitaires seraient strictement observés, que la ville serait entièrement munie d'un réseau d'égouts -une question d'ordre très pratique et réalisable à peu de frais si les « Carrières de Salomon » s'étendant sous une grande partie de la ville étaient utilisées pour installer les plus gros collecteurs d'eaux usées.

En dehors de la ville la largeur minimale des rues et la dimension minimale des immeubles devraient être soumises à la loi, car les gens ont des idées étroites concernant ce qui « fera l'affaire ».

Avec des arrangements tels que ceux cités plus haut, beaucoup d'argent serait apporté par les amis de la Terre Sainte pour l'eau, les aqueducs, les puits artésiens, etc., et bien vite les lieux actuellement stériles deviendraient un paradis.

Je crois qu'est venu le temps de l'Éternel pour la délivrance, si longtemps promise, d'Israël (vous pourrez étudier dans les deux ouvrages cités ci-dessus, que je vous ai fait envoyer, mes raisons de croire ainsi), et que celle-ci sera accomplie grâce à certains de ces projets concertés parmi les nations comme l'indique, je crois, le prophète Isaïe :

« Et ils amèneront tous vos frères, d'entre toutes les nations, en offrande à l'Éternel, sur des chevaux, et sur des chars, et dans des voitures couvertes, et sur des mulets, et sur des dromadaires, à ma montagne sainte, à Jérusalem dit l'Éternel... Car, comme les nouveaux cieux et la nouvelle terre [le Royaume de Dieu] que je fais, subsisteront devant moi, dit l'Éternel, ainsi subsisteront votre semence et votre nom » Isaïe 66 : 20, 22.

Voyez aussi Jérémie 32 : 43, 44 : « Et on achètera des champs dans ce pays dont vous dites qu'il est une désolation, de sorte qu'il n'y a ni homme, ni bête... On achètera des champs pour de l'argent, on écrira les contrats, et on les scellera, et on les fera attester par des témoins dans le pays de Benjamin, et aux environs de Jérusalem, et dans les villes de Juda, et dans les villes de la montagne et dans les villes de la plaine, et dans les villes du midi ; car je rétablirai leurs captifs, dit l'Éternel ».

Puisse le Dieu de Jacob vous guider, cher Monsieur, et tous ceux qui avec vous s'intéressent à la délivrance et la prospérité d'Israël et bénis soient ceux qui, sans retenue, se soumettront comme serviteurs en accomplissant Sa volonté, comme il est prédit.

Mais veuillez noter, cher Monsieur, que les Écritures Saintes prédisent le retour en Palestine, et non une errance jusqu'aux confins de la terre — vers l'Amérique ou ailleurs. Et par conséquent, mon humble avis est qu'Israël ne trouvera pas de repos pour la plante de son pied jusqu'à ce qu'il le trouve dans la Terre Promise ; et je vous supplie, par conséquent, de ne pas gaspiller vos efforts en aidant l'émigration ailleurs mais de les concentrer dans la direction dans laquelle Dieu a montré que se trouve la réussite. Dieu vous bénisse.

Bien à vous dans la Foi des Écritures Sacrées.

C.T. Russell.

P.S. : Une copie de cette lettre a également été envoyée à votre compatriote, le Baron de Rothschild. »

Plus tard, Benyamin Netanyahou, Premier ministre israélien, évoquera en ces mots l'action de Charles Taze Russell : « La reconnaissance du rôle important du Pasteur Russell comme combattant du sionisme ne peut pas être écartée. »

Le Dr Harris Schoenberg, représentant du B'naï B'rith aux Nations Unies, déclarera également que « Les réflexions de Charles Taze Russell sur le judaïsme et le Sionisme ont jeté une nouvelle lumière sur le rôle du mouvement sioniste aux États-Unis. »

La pyramide de Gizeh parle de 1914

En 1891 paraît un nouveau livre de Charles : *Thy Kingdom Come*, livre traduit plus tard en langue française sous le nom de *Que Ton Royaume Vienne*.

Dans cet ouvrage, il soutient à nouveau l'idée que les dimensions des couloirs de la grande pyramide de Gizeh permettent de définir prophétiquement le retour visible de Jésus sur terre.

Il donne ces explications :

« Ainsi, si nous mesurons en arrière vers le bas le « Premier Passage Ascendant » jusqu'à sa jonction avec le « Passage d'Entrée », nous aurons une date fixe à marquer sur le « Passage descendant ». Cette mesure est de 1542 pouces et indique l'an 1542 av. J.-C. comme la date marquée par ce point. Mesurant ensuite le « Passage d'Entrée » en partant de ce point, vers le bas, pour trouver la distance jusqu'à l'entrée de la « Fosse », représentant la détresse et la destruction par lesquelles cet âge-ci doit se terminer, quand le mal sera déchu de son pouvoir, nous trouvons qu'elle est de 3457 pouces, symbolisant 3457 années depuis la date ci-dessus 1542 av. J.-C. Ce calcul montre 1915 ap. J.-C. comme marquant le point de départ de la période de détresse, car 1542 av. J.-C. plus 1915 ans ap. J.-C. égalent 3457 ans. Ainsi la Pyramide témoigne qu'octobre 1914 sera le point de départ du temps de détresse, tel qu'il n'y en a pas eu depuis qu'il existe une nation — et qu'il n'y en aura jamais plus dans l'avenir. On remarquera, en conséquence, que ce « Témoin » corrobore totalement le témoignage de la Bible à ce sujet ».

Il affirme également que « Morton Edger, auteur de *Passages des Pyramides*, a trouvé dans la Grande pyramide des preuves abondantes de la précision de la chronologie biblique du Pasteur Russell. »

Charles Taze Russel dispose dorénavant de plusieurs preuves qu'octobre 1914 est un mois charnière :

- des prophéties bibliques permettent de calculer le moment où Dieu doit intervenir ;
- la pyramide de Gizeh, conçue par la volonté de Dieu, donne des calculs précis qu'il suffit de déchiffrer.

La Tour de Garde indique de surcroit en 1893 que « Une grande tempête est imminente. Quoique l'on ne sache pas exactement quand elle éclatera, il semble raisonnable de supposer qu'elle se situe à douze ou quatorze ans tout au plus. » C'est à dire avant que Dieu ne fasse venir l'Armageddon en automne 1914.

La Tour de Garde parle en 1894 d'un « Jour de détresse de quarante ans qui marque le commencement de l'âge millénaire. La panique de 1873, qui a affecté le monde entier, était le premier spasme et, depuis lors, à intervalles réguliers, la terre a connu d'autres douleurs de l'enfantement. » Ce « Jour de détresse » doit donc finir en 1913. La « panique de 1873 » dont parle Charles, et qui correspond selon lui à un évènement prophétique de grande ampleur, est en fait le début d'une crise économique qui secoue le monde de 1873 à 1896. Il s'agit d'un krach boursier connu sous le nom de « Grande dépression », marquant la faillite de centaines de banques. Charles évoque dans son texte une crise qui, selon sa prophétie, doit cesser en 1913 ; dans les faits, elle cesse en 1896 et le monde connaît en 1929 une crise d'une ampleur plus importante encore.

Un autre numéro de *La Tour de Garde* affirme la même année que « 1914 n'est pas la date du début, mais celle de la fin du temps de troubles. » Bien entendu, personne ne peut être aujourd'hui d'accord avec cette prophétie, puisque 1914 a bel et bien été le début d'une période de troubles sans précédent.

La mainmise de Russell

Dans les premiers temps, les *Étudiants de la Bible* travaillaient en groupe pour déterminer quelles croyances leurs semblaient correspondre à la vérité divine. Mais de cela il n'est plus question.

En présidant la société d'édition, Charles Taze Russell s'est assuré que les textes qu'étudient les *Étudiants de la Bible* sont conformes à ses croyances. Mais les Surveillants itinérants, mis en place en 1890, rapportent que sur le terrain quelques croyances autres continuent de faire long feu.

Charles Taze Russell veut y mettre fin immédiatement. En 1892, *La Tour de Garde* évoque « notre devoir d'excommunier ceux qui, directement ou indirectement, nient que Christ s'est donné en rançon pour tous. » L'ensemble de la congrégation doit juger ainsi publiquement tout membre qui représente un risque pour le groupe. Et il est de leur ressort de le bannir.

Mais cela ne convient guère à tout le monde.

En 1893, un nouveau schisme voit ainsi le jour. Un document est rédigé par plusieurs membres des *Étudiants de la Bible* de Pittsburgh, dont certains sont des amis proches du Pasteur. Figurent parmi les dénonciateurs : Otto Van Zech (traducteur en langue allemande des écrits de la *Zion's Watch Tower*, il a plusieurs différents d'ordre financier avec Charles Taze Russell), J. B. Adamson (ami du couple Russell, il est en opposition avec plusieurs aspects doctrinaux ; il souhaite que certaines de ses idées soient diffusées par la société, ce à quoi s'oppose totalement Charles) et S. D. Rogers (en charge de la diffusion des ouvrages en Angleterre, il a des différents quant aux méthodes de vente des livres ; il définit par ailleurs Charles Taze Russell comme étant « malhonnête, traître, menteur, pécheur et fornicateur »).

Ils évoquent tous les trois un Charles Taze Russell dictatorial, qu'en privé ils nomment « le pape » et qui a pour unique objectif de collecter de l'argent grâce à l'édition d'ouvrages religieux. Ils condamnent également le mode de vie de Charles et certaines de ses doctrines.

Une cinquantaine de personnes participent à la révolte. Dans le livre *Les Témoins de Jéhovah dans les Dessins Divins*, paru en 1959, la *Watchtower* explique ainsi la « rébellion » :

> « Certains collaborateurs en vue s'opposaient au Pasteur Russell pour tenter d'avoir la haute main sur la société. [...] Ces conspirateurs se préparaient à faire exploser leur « bombe », laquelle, du moins ils l'espéraient, ruinerait la popularité de Russell et l'achèverait comme président de la Société. » On peut y lire

également que « quand tous les faits ont été connus au grand jour, il a été réhabilité, tandis que ceux qui avaient comploté contre lui ont rapidement été perdus de vue, et l'œuvre s'est poursuivie sans eux. »

Le 8 avril 1894, Charles Taze Russell revient à la fin de son sermon sur le schisme mis en place par plusieurs membres de son groupe d'études. Il évoque l'envie, la jalousie et une manœuvre destinée à casser son œuvre. Il diffuse également une brochure intitulée *A Conspiracy Exposed and Harvest Siftings*, qui reprend l'ensemble des arguments supposés de ses accusateurs et donne ses explications. Cette brochure est suivie de la parution en juin du journal *La Tour de Garde*, qui aborde à son tour ce schisme important dans l'histoire des *Étudiants de la Bible*.

Charles Taze Russell reçoit le soutien de William Henry Conley.

Maria Russell

Autre soutien de poids, Maria, l'épouse de Charles, fait une tournée à travers les congrégations américaines d'*Étudiants de la Bible* pour soutenir son mari contre le schisme en cours.

La place de la femme de Charles est cruciale. Cultivée et instruite, elle occupe alors le poste de directrice, est membre du Bureau de la société, sert de secrétaire et trésorière et est corédactrice de *La Tour de Garde*. Sa propre pensée occupe également une place importante lors de la rédaction des trois premiers tomes des *Études des Écritures*. Elle est de plus auteure de poèmes, qui paraissent sous le nom de *The Wonderful Story* en 1890.

En 1894, Charles Taze Russell évoque sa possession de l'entreprise *The Zion's Watch Tower Tract Society*, au sein du journal *La Tour de Garde* :

« Au 1er décembre 1893, avec nos trois mille sept cent cinq action sur un total de six mille trois cent quatre-vingt-trois actions, Sœur Russell et moi-même, bien évidemment, nommons les membres du bureau, et disposons donc du contrôle de la Société ; les directeurs dès le début l'ont parfaitement compris. Il était bien entendu qu'ils ne seraient opérationnels qu'après notre mort. »

Il y ajoute son testament : « considérant le fait que j'ai donné le journal *La Tour de Garde de Sion*, le trimestriel *Old Theology*, les droits sur les livres *Études des Écritures de L'Aurore du Millénium* ainsi que sur diverses brochures, livres de cantiques et autres à la *Watch Tower Bible and Tract Society*, il va sans dire que je garderai le contrôle entier des intérêts de ces publications de mon vivant, et qu'après ma mort elles continueront d'être dirigées selon mes vœux ».

Il poursuit en instituant les strates qui doivent être mises en place à sa mort. Il y a d'abord un comité de rédaction de cinq hommes, explicitement nommés, responsables de la rédaction du journal *La Tour de Garde*. Cinq autres hommes sont désignés, pour le cas où l'un des rédacteurs ne pourrait assumer ses fonctions. Les droits de vote dans l'entreprise sont donnés quant à eux à cinq femmes. Des individus de sexe féminin occupent donc une place prépondérante au sein de la *Watch Tower*.

Toutefois, en octobre 1896, la femme de Charles Taze Russell démissionne de son poste d'éditrice associée du journal *La Tour de Garde*. Déçue de n'être qu'une assistante de Charles, puisqu'il était convenu dès le départ que leur relation ne serait jamais consommée, afin de se conformer à leur croyance commune que les Saints devaient être vierges en vue de leur transmutation en êtres spirituels, elle quitte le foyer familial.

Le 9 novembre 1897, Maria Russell quitte définitivement son mari. Elle affirme alors avoir vu à plusieurs reprises son époux avec des maîtresses, à savoir son aide familiale Emily Matthews et sa secrétaire Rose Ball. Elle évoque également des mauvais traitements dont elle se dit victime.

Maria reste tout de même membre du Comité Directeur, jusqu'au 12 février 1900. Et refusant de cesser d'écrire, elle publie indépendamment deux livres religieux en 1906, *The Twain One* et *This Gospel of the Kingdom*.

L'empire s'étend !

Charles a maintenant 42 ans. Il acquière en novembre 1894 un cinquième des actions de la *Rock Fun Fuel and Gas Company*. Fondée par John Snee, George Rindfuss, l'agent comptable de Charles, et trois autres associés, cette société est destinée à extraire et vendre du gaz naturel aux entreprises du comté d'Allegheny. Charles Taze Russell dépose ensuite une plainte en justice, alléguant une supposée fraude de la part de Snee, et la collusion de la part du Conseil d'Administration. Lors du procès, la Cour suprême de Pennsylvanie présente Russell comme un « opérateur expérimenté en pétrole qui avait une connaissance complète de la propriété et du marché quand il négocia et acheta son stock ».

Et il ne veut pas s'arrêter là !

En 2 ans, il :

- fonde la *Silica Brick Company Limited* ;
- prend possession de la *Pittsburgh Asphaltum Company* ;
- crée la *United States Investment Company*, société dont il possède 99% des parts et dont l'activité réside en toutes sortes d'investissements.

Charles Taze Russell dirige ses activités depuis le Siège de sa société d'édition, qu'il renomme pour l'occasion. En 1896, la société *The Zion's Watch Tower Tract Society* devient *The Watch Tower Bible and Tract Society*.

Un soutien entier au sionisme

Le 25 août 1897, Charles Taze Russell tient un discours à la Maison de l'Opéra de Brooklyn, devant un parterre de 1700 judaïsants, où il présente le sionisme comme le seul espoir du monde.

Le mois suivant, dans les pages de *La Tour de Garde*, Charles publie un nouvel article soutenant le sionisme politique, nommé « Plaidoyer et défense du Sionisme ». En voici un extrait :

« La Conférence juive concernant le sionisme s'est réunie à Bâle, Suisse, le 30 août, comme proposé, afin de discuter de la possibilité et de la validité du projet du Dr Herzl d'obtenir que la Palestine soit le foyer national pour la race juive, et d'aider les pauvres et les persécutés à retourner dans le pays de leurs pères, vers la prospérité. Le télégramme annonce uniquement le fait que la conférence ratifia avec enthousiasme les suggestions du Dr Herzl et envoya au Sultan de Turquie un télégramme le félicitant de la paix et de la prospérité de sa race parmi ses états.

L'hébreu fut le langage de la Convention - une indication très significative.

Ainsi, lentement mais sûrement, la prophétie s'accomplit sous cet aspect également, allant exactement de pair avec les développements sur d'autres plans - civils et religieux - tous approchant rapidement leurs points culminants prédits. Loué soit Dieu ! »

Il poursuit : « Ainsi, les Juifs en étant eux-mêmes les témoins, Dieu les force à revenir en Terre Promise pour laquelle beaucoup d'entre eux avaient perdu tout espoir et tout amour.

Savoir si la Palestine sera ouverte aux Juifs grâce à l'argent, comme ils le proposent maintenant, ou si elle sera ouverte par le biais de la guerre, nous ne pouvons le dire ; mais il sera obtenu beaucoup plus que ce que les Sionistes espèrent vers 1915 après J-C. Pour permettre tout ce que Dieu a promis comme étant ce qui est dû avant cette période, il faudrait qu'ils soient admis en Palestine sous la domination d'une autre puissance ou d'autres puissances très rapidement. »

En octobre 1898, *La Tour de Garde* publie un nouvel article affirmant que la prophétie d'Isaïe chapitre 40 s'accomplit actuellement par le sionisme :

« Consolez, consolez mon peuple, dit votre Dieu. Parlez au cœur de Jérusalem, et criez-lui que son temps de détresse est accompli, que son iniquité est acquittée, qu'elle a reçu de la main de l'Éternel le pardon pour tous ses péchés ».

« Qui, parmi ceux qui lisent ces signes des temps, peut fermer les yeux devant le rôle important que le rétablissement d'Israël en Palestine est destiné à jouer dans le progrès de l'humanité ? En revoyant les événements de l'année, rien n'apparaît aussi grand, aussi significatif, ni aussi chargé de bénédictions incalculables pour l'avenir de notre peuple que le réveil d'Israël manifesté par plus de 400 délégués venant de tous pays et de toutes régions au Second Congrès de Bâle ».

La Tour de Garde diffuse un autre texte en février 1902, qui déclare que :

« *La Tour de Garde* et *L'Aurore* ont mis en évidence le mouvement sioniste actuel d'après la Parole de Dieu, longtemps avant que ses fondateurs n'y pensent. Depuis 1878, lorsque le « double » du châtiment d'Israël prit fin, la terre a été en préparation pour le peuple et le peuple pour la terre. Au temps convenable pour Dieu, et ceci est proche, ils se retrouveront. Entre temps, des persécutions dans différents pays sont les aiguillons, les « agents » de leur Berger, afin de les réveiller et diriger leur cœur vers les promesses dont ils sont les héritiers. »

En 1910, Charles Taze Russell fait une tournée en Palestine, à Jérusalem. Il y soutient pleinement la création d'un État d'Israël.

Il prononce également un discours dont le titre est *Le Sionisme dans la prophétie*, devant 4000 Juifs, à l'Hippodrome Theater de New York. Il le clôt en entonnant *Hatikva (L' Espérance)*, chant qui devient plus tard d'hymne national d'Israël. Les paroles entonnées par Russell sont ainsi :

« Aussi longtemps qu'en nos cœurs,
Vibrera l'âme juive,
Et tournée vers l'Orient
Aspirera à Sion,
Notre espoir n'est pas vain,
Espérance bimillénaire,
D'être un peuple libre sur notre terre,
Le pays de Sion et Jérusalem. »

L'année se clôt avec un article de *La Tour de Garde*, qui revient sur la diffusion du message aux Juifs :

« Le Message de Dieu aux Juifs est entendu de tous côtés dans le monde. Non seulement plusieurs de nos sermons aux Juifs ont été publiés dans la mesure de 107 600 exemplaires dans des journaux juifs de langue anglaise, mais dans 655 000 exemplaires de journaux en Yiddish en plus des 325 000 exemplaires de *Die Stimme* (*La Voix*). Nous apprenons que ceux-ci ont été republiés en Russie, et ailleurs. »

Et le mépris des Noirs

Pour Charles, les Noirs sont quant à eux une race inférieure.

Ainsi, il écrit en août 1898, dans les pages de *La Tour de Garde*, que « la race noire descend de Cham, fils de Noé et père de Canaan, dont la dégradation est mentionnée en Genèse 9, versets 22 et 25. Le verset 25 indique en effet que Dieu dit : "Maudit soit Canaan ! Qu'il soit l'esclave des esclaves de ses frères !". »

Dans la foulée, le 1er mars 1900, *La Tour de Garde* stipule que les colporteurs dans les congrégations doivent être exclusivement des « Blancs ».

Et il ne se contente pas de ces propos, ajoutant le mois suivant, toujours dans les pages de *La Tour de Garde*, que distribuer des publications bibliques à des Noirs est du « gaspillage ». Voici un extrait de l'article :

> « Les gens de couleur ont moins d'éducation que les Blancs – la plupart en ayant une tout juste suffisante pour leur permettre de lire notre littérature. Notre conclusion, de ce fait, basée sur la supposition que du matériel de lecture serait distribué à une congrégation de couleur, est que

le gaspillage serait de plus de la moitié et qu'un très faible pourcentage en effet obtiendrait de bons résultats. »

Puis, le 1er octobre, *La Tour de Garde* colporte une histoire de Noir qui devient Blanc grâce à sa foi en Dieu. La voilà ici reproduite :

> « Il y a quelques années, Draper était employé par un homme blanc qui lui fit remarquer que s'il avait la peau blanche comme son patron, il serait bien plus heureux. Étant au service de cet homme, Draper fit une expérience religieuse. À partir de ce jour, il pria instamment afin de devenir blanc. Il y a trente ans, sa prière commença d'être exaucée. Il ressentit tout d'abord une sensation de picotement sur le visage et après examen, il découvrit un grand nombre de petits points blancs pas plus grands que la pointe d'une aiguille. Il en fut bouleversé, croyant qu'il avait une maladie particulière, mais il ne souffrait pas en dehors de la sensation de picotement. Tout doucement, les taches sont devenues plus grandes et maintenant après 30 ans, Draper n'a plus la moindre tache noire sur le corps. »

Deux ans plus tard, *La Tour de Garde* continue d'affirmer la supériorité de la race blanche :

> « Nous ne devons pas oublier non plus que l'Afrique est habitée par diverses tribus ou nations de nègres, certaines plus et d'autres moins dégradées que la moyenne. […] Il est vrai

que la race blanche présente des qualités de supériorité sur toute autre, [...] quelques-unes des qualités qui ont engendré la prééminence dans le monde de cette branche de la famille humaine sont admirables à tous les égards. [...] Le secret de la plus grande intelligence et aptitude de la race caucasienne peut-être, dans une grande mesure, attribué sans aucun doute au mélange de sang entre ses diverses branches et ceci a été évidemment conduit en grande partie par des circonstances sous le contrôle divin. »

L'aide des Franc-maçons

Charles Taze Russell utilise pleinement son réseau de « frères » maçons. Il réalise ainsi de nombreuses conférences dans les temples à travers le pays. On le trouve ainsi par exemple :

- en 1903 à Fort Wayne, Indiana, dans le temple maçonnique des *Maccabées* ;
- en 1904 à Washington, Columbia, dans le temple des *Odd Fellows* ;
- en 1908 à Paterson, New Jersey et à Chicago, Illinois, au *Drill Hall*.
- en 1913 de nouveau à Washington.

Son discours plaît beaucoup aux autres franc-maçons. Pyramidologie, utilisation du nom « Jéhovah », mise en avant de symboles maçonniques comme la croix insérée dans une couronne ou les 2 colonnes Jakin et Boaz, soutien au sionisme et volonté de l'établissement à Jérusalem d'un gouvernement mondial sont autant d'éléments qui plaident en sa faveur. Les ouvrages vendus par la *Watchtower* portent alors également un symbole coutumier des franc-maçons comme des Rose-Croix, le disque ailé.

La Tour de Garde porte alors également en couverture le dessin d'une armure. Certains y voient la démonstration de son attachement au grade de *Chevalier du Temple* (*Knight Templar*), dont semble avoir hérité Charles. À moins qu'il ne s'agisse tout simplement d'un clin d'œil à son propre nom, « Russell » étant dérivé d'un ancien mot allemand pouvant se traduire par « chevalier ».

Dans tous les cas, bien qu'il fasse référence régulièrement à la symbolique ou à certaines croyances maçonniques, il refuse toute sa vie de reconnaître son appartenance au Rite d'York. Pourtant, les temples sont loin d'être ouverts à tout orateur, tandis qu'il est accueilli de son côté à bras ouverts. Mais il n'est pas le premier à nier être franc-maçon, puisque selon la tradition il appartient à chacun de choisir s'il souhaite que cela soit su.

Il déclare par exemple lors d'un de ces sermons, au sein d'un temple maçonnique, ce qui suit :

« Bien que je n'aie jamais été Maçon, j'ai entendu dire que vous avez une chose parmi vos rites qui illustre bien mon propos. Il s'agit du 'chevauchement du bouc'. Et la Bible évoque le bouc, vous savez. Ce bouc, que vous devez dominer jour après jour, est votre chair. (...) Vous vous êtes ciselé vous-même afin de devenir une pierre vivante, un membre de l'art de la Maçonnerie, au regard de notre Seigneur ; cela afin de ciseler les autres, pour que l'un et l'autre vous vous prépariez en vue du passage par le chemin étroit et difficile qui mène au Temple royal. Jésus l'a indiqué, en disant 'si un homme veut être mon disciple, ou s'il veut être une pierre vivante dans le temple, s'il veut être un membre de ce grand Ordre de Maçonnerie libre et accepté, il doit se renier lui-même, prendre sa croix et me suivre'. »

Il ajoute : « Pensez-vous que l'Église du Seigneur soit un Ordre secret ? Oui, assurément. C'est le plus merveilleux Ordre secret que le monde ait jamais connu. Le mystère de Dieu n'est pas encore terminé. (...) Est-ce que le monde connaissait le Grand Maçon lorsqu'il était là ? Non. Est-ce que le monde a tué le Grand Maître Maçon ? Oui. Et la Maçonnerie aussi a tué son chef Maçon, car il détenait les plans secrets du Temple [de Salomon], selon leur théorie. Lorsqu'il [Abou Hiram, selon la légende maçonnique] fut tué, une partie du mystère du Temple fut perdue, qui ne sera dévoilée qu'à sa résurrection. Les Maçons affirment qu'ils attendent le retour de premier Maître-Maçon qui, à cause du secret du Temple, a perdu la vie. Donc, vous et moi, comme sous-Maçons, attendons le retour de notre Maître Maçon. »

Il déclare également : "Les Franc-Maçons aussi attendent le même personnage glorieux et, dans leurs traditions, ils l'identifient à Hiram Abiff, le Grand Maître Maçon ; ce même grand Messie, Michel l'Archange, Melchisédech, prêtre aussi bien que roi, que nous identifions comme l'homme Jésus-Christ."

L'appartenance à la franc-maçonnerie ne fait plus aucun doute à sa mort :

- il demande à être enveloppé dans une toge romaine, ce que certains assimilent à l'appartenance au plus haut rang de la maçonnerie spéculative ;
- point qui ne peut absolument mettre en doute son appartenance, on appose à côté de son cercueil, lors de la cérémonie, une colonne brisée, symbole des principaux protecteurs de la Franc-maçonnerie ;
- La *Watchtower* fait édifier à quelques pas de sa tombe une pyramide impressionnante. Y sont gravés des symboles maçonniques saisissants : la croix dans une couronne, le livre ouvert et surtout la pyramide a son pyramidion détaché.

Quant à sa Loge, elle conserve encore aujourd'hui précieusement les œuvres du « Pasteur Russell » au sein de sa bibliothèque.

Deux décès importants

L'année 1897 voit partir deux hommes qui ont compté dans l'histoire de Charles.

Le premier arrive le 25 juillet. Il s'agit du décès de William Henry Conley, premier financeur des livres de Charles Taze Russell et surtout également premier Président de *The Zion's Watch Tower Tract Society*. Pourtant, *La Tour de Garde* passe sous silence cette mort. William Henry Conley laisse à sa femme une fortune de près de 500 000 dollars (l'équivalent de treize millions de dollars actuels), dont une grande partie est redistribuée par la veuve à des œuvres chrétiennes. Il faut dire que l'homme aura utilisé toute sa vie durant sa fortune pour aider les autres.

Puis, le 17 décembre, Charles pleure cette fois son père. Joseph Lytel Russell donne dans son testament à son fils Charles "1600 acres de terrain en Floride et ses parts dans la *Rail Way and Dock Construction Company of New York City*".

La Tour de Garde du 1er janvier 1898 diffuse un message de Charles, dont voici un extrait :

« L'éditeur a perdu son plus vieux, éprouvé et vrai ami - son père selon la chair, son Frère selon l'esprit - bien connu d'un assez grand nombre de nos lecteurs. Il était dans sa 84ème année, et les charges et les handicaps de la vie dans les conditions actuelles en étaient peu à peu venus à l'emporter sur ses plaisirs, de telle sorte qu'il était content d'entrer dans le repos - le repos qui reste pour le peuple de Dieu. La mère de l'éditeur, une noble femme chrétienne, dont l'éducation et l'exemple sont encore frais à sa mémoire et ne seront jamais oubliés, est décédée alors qu'il n'avait que neuf ans ; depuis ce temps son père remplissait noblement le rôle des deux parents. Ses soins, ses remontrances, son aide dans les sentiers de la justice ne seront jamais oubliés. »

L'Empire s'agrandit

L'année suivante, Charles Taze Russell crée la *Pittsburgh Kaolin Coke Company*, qu'il gère depuis les bureaux de la *Watch Tower*.

Il fait de même pour la *Brazilian Turpentine Company Limited*, à compter de 1900.

Cette année-là, la *Watch Tower* ouvre quant à elle sa première filiale en Angleterre, à Londres, tandis que des *Étudiants de la Bible* sont recensés dans 28 pays.

Et en 1902 il s'associe cette fois avec quatre membres influents de la *Watch Tower*, pour fonder une société spécialisée dans le charbon et la fabrication de coke, la *United States Coal and Coke Company*. Cet investissement est effectué avec John Pierpont Morgan, très influent banquier américain, connu encore aujourd'hui sous le nom de J.P. Morgan.

Et il ne s'arrête pas là, puisque 2 ans plus tard, en 1904, il crée avec John G. Keohne et Clayton J. Woodworth, la société *Solon*. Celle-ci achète des articles manufacturés à une autre entreprise, la *Logan, Land and Whitehouse*. Il s'agit en fait des noms des trois salariés de la société Solon, dont Benjamin Land, beau-frère de Charles (il s'agit du mari de Margaret Russell). Achetés au prix de gros, les produits sont, par société écran, revendus plus cher que le prix du marché, aux abonnés du journal *La Tour de Garde*. L'ensemble de l'activité est une fois encore dirigée depuis les locaux de la *Watch Tower*.

Dans le même temps, la société *Solon* fonde un journal, nommé simplement *Journal Solon*. Envoyé aux abonnés américains de *La Tour de Garde*, celui-ci donne une excellente image de l'entreprise. Ce qui permet un démarchage aisé des fidèles. Le *Journal Solon* paraît mensuellement jusqu'en mai 1906.

Charles Taze Russell cache son implication dans le montage et la tenue de l'entreprise, allant jusqu'au parjure lors de son divorce. Dans un extrait du procès en appel de 1907, dans l'affaire opposant les deux époux Russell, on découvre ainsi Charles mentant à plusieurs reprises, indiquant qu'il ne sait pas quelle est l'activité de *Solon*, comment elle est organisée ni même où se trouve son siège. Les témoignages des trois salariés de la société vont quant à eux dans le sens opposé, incriminant totalement Charles, qui dirige bien *Solon* depuis son bureau dans les locaux de la *Watch Tower*. Cela va dans le sens des articles écrits et publiés par le Président de la *Watch Tower* lui-même au sein de *La Tour de Garde* des 1er et 15 décembre 1904, du 1er janvier 1905 et du 1er mai 1905.

En 1905, c'est cette fois une société de gestion de cimetières qui voit le jour. Des membres des *Étudiants de la Bible*, dont Charles Taze Russell, Clayton Woodworth, John G. Keohn et John Bohnet, fondent la *United Cemeteries Corporation*. L'entreprise gère trois cimetières sur plus de dix-huit hectares.

Et l'œuvre s'internationalise plus encore

À compter de l'année 1900, Charles fait parvenir ses discours à plusieurs journaux. Neuf ans plus tard, il affiche l'envoi hebdomadaire de ses sermons à 3000 journaux différents. Ce qui fonctionne, puisqu'en 1913 il peut se vanter d'un engouement retentissant dans la presse : d'après lui, quelques 2000 journaux auront diffusé au moins un texte du « Pasteur Russell », à travers les États-Unis, le Canada et l'Europe.

En Europe d'ailleurs son œuvre de proclamation s'étend, avec l'arrivée en langue française du journal *Le Phare de Sion et Messager de la Présence de Christ* en 1903. Ce sont encore les prémices de l'œuvre sur l'ancien continent, puisque dans le rapport d'activité qui parait en février 1914 dans *La Tour de Garde* en langue française, on apprendra qu'en France il n'y a « qu'un seul frère qui consacre tout son temps et toute son énergie à ce travail » de colportage. Il n'y également que trois conférenciers pour la Suisse et on retient de ce journal l'information que « *La Tour de Garde* a 800 abonnés » pour l'édition en langue française, diffusée en Belgique, France et Suisse. Le rapport indique également que 28 conférences publiques ont été données sur l'année, regroupant en tout 5672 auditeurs. Côté rentrées d'argent, ce sont 15 745,31 Francs qui ont été collectés. Ce qui équivaut à 50 000€ actuels.

Côté chiffres toujours, considérons *La Tour de Garde* de mars 1914 en langue française, qui donne les chiffres de l'activité de 1913. On y apprend que « Nous considérons toujours la vente des *Études des Écritures* comme un des meilleurs indices du progrès de l'œuvre. Le chiffre total des 6 volumes vendus pendant l'année s'est élevé à 692 598 exemplaires. » Au niveau mondial, sont comptabilisés 80 « évangélistes en activité » et des fidèles dans 7491 villes. *La Tour de Garde* est alors imprimée en langue anglaise en 45 000 exemplaires. Et les revenus sont de 1 389 741,35 Francs, équivalents à plus de 4 millions d'euros.

L'Europe intéresse tout particulièrement Charles Taze Russell. Il se rend ainsi à Paris, pour une conférence publique, le 31 août 1913. Et Joseph Franklin Rutherford, qui est présenté dans *La Tour de Garde* d'août comme « avocat à New-York », y effectue également une tournée de conférences. Il est ainsi annoncé à Genève le 18 septembre, et en France du 19 au 22, réalisant chaque jour une conférence, ou des réunions privées.

Mais revenons à l'année 1900. Le 7ème volume de *L'Aurore du Millénium*, sous-titré « *Le temps est proche* » paraît alors aussi en français.

Le livre soutient une nouvelle fois l'importance de l'automne 1914, puisque l'auteur, Charles, affirme qu'il va, comme tous les Saints, c'est à dire les fidèles de son mouvement, régner depuis le ciel avec Christ à compter de ce moment-là :

> « Les preuves bibliques démontrant que la fin complète des Temps des Nations, c'est à dire la fin de leur bail de domination, expirera en 1914, cette date sera la limite extrême des gouvernements d'hommes imparfaits. Par conséquent, si nous démontrons que ce fait est fermement appuyé par les Ecritures, nous prouvons ainsi : 1° Que le royaume de Dieu pour lequel le Seigneur nous a enseigné à prier en disant : « *Que ton Règne vienne* », aura obtenu à cette

date l'autorité universelle et qu'il sera alors "suscité" ou fermement établi sur terre. [...] Que peu de temps avant la fin de l'an 1914, le dernier membre de l'Église de Christ, Église divinement reconnue comme « la sacrificature royale », l'épouse de Christ, sera glorifié avec le chef, sa tête ; ceux qui en sont réellement membres, règneront avec Christ, seront cohéritiers avec lui de son royaume, lequel ne peut être réellement « suscité » sans la présence de tous ses membres. »

Déjà élu « Pasteur » par les congrégations d'Étudiants de la Bible, Charles Taze Russell va plus loin en 1906, lorsqu'il se définit comme « porte parole de Dieu » dans les pages de *La Tour de Garde*.

Il veut rester le seul maître à bord et le répète dans les pages de ses publications. Ainsi, il écrit dans *La Tour de Garde*, la même année, ce qui suit :

« les vérités que je présente, en porte-parole de Dieu, n'ont pas été révélées en visions ni en rêves, ni par la voix audible de Dieu, ni tout d'un coup, mais peu à peu, spécialement depuis 1870, et en particulier depuis 1880. Cette claire exposition de la vérité n'est pas non plus due à l'ingéniosité ou à la finesse de la perception d'un humain, mais au simple fait que le moment prévu par Dieu était arrivé; si je ne parlais pas, et si on ne trouvait aucun autre instrument, les pierres même crieraient. »

L'importance des enseignements de Charles ne doit laisser de doute chez personne. D'ailleurs, le 1er février 1906 apparaît une nouveauté fort importante : un questionnaire, nommé *Verbi Dei Minister (Ministre de la Parole Divine)*. Il contient vingt-deux questions, posées à ceux qui souhaitent devenir pèlerins (proclamateurs).

Les questions traitent des croyances principales que l'on trouve dans les écrits de Russell. Par exemple, « Quelle est la nature de Jésus depuis la résurrection et quelle est sa relation officielle avec Jéhovah ? », « Quel est le plan divin à l'égard de son église ? », « Avez-vous fait vœu de sainteté auprès de l'Association Internationale des *Étudiants de la Bible* ? » ou « Avez-vous lu consciencieusement et intégralement les six volumes des *Études des Écritures* ? ».

Pendant ce temps, Maria Russell obtient le divorce.

Lors des audiences publiques, les fidèles découvrent que Charles Taze Russell possède des parts dans de multiples entreprises : la *Pittsburgh Asphaltum Company*, la *Silica Brick Company*, la *Brazilian Turpentine Company*, la *Solon Society* et la *United States Coal and Coke company*. L'on sait également qu'il investit dans la production de pétrole et qu'il est actionnaire majoritaire de la *United States Investment Company*, société écran de la *Watch Tower*, comme l'indiquera plus tard le trésorier de cette dernière. Il s'avère également que Charles Taze Russell possède 47 000 des 50 000 parts composant le capital de la société *Watch Tower*.

Charles est représenté par son avocat, Joseph Franklin Rutherford, membre baptisé des *Étudiants de la Bible* âgé de 36 ans, qui fait figure également de nouveau Conseiller Juridique de la *Watch Tower*. Joseph Franklin Rutherford est également auteur d'un livre, édité indépendamment de la *Watch Tower*, nommé *Le salut de l'homme selon le point de vue d'un homme de Loi*.

En 1908, l'avocat reçoit la mission de Charles Taze Russell d'acquérir deux nouveaux bâtiments pour la société d'édition. L'un d'entre eux est un ancien presbytère qui servait au pasteur congrégationniste Henry Ward Beecher pour ses sermons. Le bâtiment ainsi acquis prend le nom de « Tabernacle de Brooklyn ».

Charles choisit d'installer son bureau dans l'ancien cabinet de travail de Henry Ward Beecher, où ce Pasteur avait reçu une quarantaine d'années plus tôt le Président des États-Unis Abraham Lincoln.

Le second bâtiment acheté est un foyer missionnaire. On y installe des bureaux, la presse et le service d'expédition. Le lieu prend le nom de « Béthel », soit « Maison de Dieu » en hébreu. Rappelons que William Henry Conley, qui a pleinement lancé la carrière de Charles, appelait sa propre demeure de ce nom.

Mais cela ne suffira pas et trois ans plus tard Charles lancera le chantier de deux nouveaux bâtiments, qui serviront de logements aux bénévoles de la *Watch Tower*.

Une période de déboires

Une escroquerie d'envergure

Dans *La Tour de Garde* du 15 mars 1908, Charles Taze Russell évoque l'existence d'un « blé miraculeux ». Il s'agit évidemment d'un blé totalement normal, mais qu'il propose à la vente à un prix extrêmement élevé : il est vendu huit fois son prix normal aux fidèles *Étudiants de la Bible*, directement dans le journal *La Tour de Garde*.

Voici un extrait du périodique :

« En 1842, un Français annonça qu'il avait découvert une espèce de blé dans la région méditerranéenne qui produisait quatre épis par plante ; les gens dirent qu'il était fou. Mais voici qu'il y avait des plantes avec 142 épis ! Cette première année, après la découverte de la plante, il obtint 2000 grains. En 1906, il en obtint 16 boisseaux et il avait alors obtenu une récolte de blé, soigneusement préservée pour la semence, de 800 boisseaux. Ce qu'il y a de plus remarquable au sujet de ce blé est ceci : alors qu'il est produit dans les zones à blé de ce pays une moyenne de 17 boisseaux au plus par acre, le rendement moyen du "blé miracle" durant les trois dernières années a été de 56 boisseaux par acre ».

L'article pousse la supercherie encore plus loin. Il prétend que la Russie a elle-même passé une commande de ce blé miraculeux, pour 80 millions de boisseaux. Il ajoute que c'est un « miracle » de Dieu au « temps de la restitution de toutes choses ».

L'escroquerie au blé miraculeux mise en place par Charles dure dans le temps, puisqu'en 1910, *La Tour de Garde* du 1er octobre en parle de nouveau. Le journal indique que deux *Étudiants de la Bible*, Samuel Fleming et J. Bohnet, ont reçu pour mission de la part de Charles Taze Russell de faire fructifier deux de ces grains, avec pour résultat une récolte incroyable. Il est ajouté que l'argent de la vente effectuée par le « frère » Bohnet a été donné à la société *Watch Tower*.

L'affaire inquiète quelques fidèles ; des doutes sur l'honnêteté de Charles font de nouveau surface. En 1908, alors que *La Tour de Garde* met en avant ce blé miraculeux, un nouveau schisme a lieu au sein des *Étudiants de la Bible*. Ernest C. Henninges, le responsable de la filiale Australienne de la *Watch Tower*, crée le mouvement *New Covenant Fellowship*. Il publie le journal *The New Covenant Advocate and Kingdom Herald*, journal qui perdurera jusqu'en 1944.

New Covenant Fellowship connaît son propre schisme également 1 an après sa création, en 1909, McPhail créant le mouvement *New Covenant Believers*, qui existe encore à ce jour.

Mais un schisme n'arrête en rien l'escroquerie de Charles Taze Russell.

Le 15 mai 1911, la *Watch Tower* propose encore à la vente dans *La Tour de Garde* du blé miraculeux. Mais le cours s'envole ! La livre est alors proposée à 1 $, soit 60 fois le prix normal.

Bien entendu, un Pasteur qui envoie ses sermons à 3000 journaux chaque semaine ne peut passer inaperçu. Et c'est le journal *Brooklyn Daily Eagle* qui en septembre 1911 dénonce l'escroquerie du blé miraculeux. Il affirme que Charles Taze Russell est un homme malhonnête qui abuse, grâce à sa littérature religieuse, des gens humbles. Charles attaque le *Brooklyn Daily Eagle* en justice. La *Watch Tower* est représenté par deux avocats, Sparks et Joseph Franklin Rutherford.

Le jugement est rendu le 28 janvier 1913. Comme attendu, le *Brooklyn Daily Eagle* gagne son procès.

Après plusieurs appels, Charles Taze Russell est condamné à verser quinze dollars au journal. L'affaire du blé miraculeux a, quant à elle, rapporté à la *Watch Tower* 1800 dollars, soit plus de 45 000 dollars actuels.

Mais Charles refuse toujours de reconnaître l'escroquerie et affirme le 15 février 1913 que le tribunal a tranché pour le *Brooklyn Daily Eagle* car ce dernier aurait flatté les membres catholiques du jury. Il présente ainsi l'affaire comme une injustice, une attaque contre la croyance des *Étudiants de la Bible*.

Après tout, Jésus n'avait-il pas dit lui-même que son peuple serait haï et persécuté ?

De son côté, Charles s'en prend maintenant très ouvertement aux autres croyances. En 1909, il lance en effet une nouvelle série de tracts, nommés *La Tribune du Peuple*. Ils deviendront par la suite *Journal pour Tous*, puis *L'Étudiant de la Bible*.

Dès le début, les tracts ont pour objectif de dénigrer le protestantisme, par des textes et des caricatures. Ils sont distribués à la sortie des offices religieux protestants et catholiques, ou glissés sous les portes des particuliers. Mais Charles se défend bien d'être l'attaquant, comme le démontrent les statuts d'une nouvelle société, la *Peoples Pulpit Association* (*Association de la Tribune du Peuple*), qu'il crée le 23 février et qui dépend directement de la *Watch Tower*. Ses buts, selon les statuts, sont ainsi les suivants :

« charitables, bienveillants, scientifiques, historiques, littéraires et religieux ; l'édification morale et mentale des hommes et des femmes, la diffusion de vérités bibliques en différentes langues au moyen de la publication de tracts, de brochures, de journaux et d'autres écrits religieux, ainsi que l'œuvre missionnaire. »

De nouveaux outils de propagande

Charles Taze Russell met en place en 1911 des réunions publiques de formation destinées aux prédicateurs, nommées « Œuvre pour la formation de nouveaux ecclésias ».

Afin d'accélérer pleinement l'activité de recrutement de nouveaux fidèles, un gros chantier est mis en place en 1912. Une équipe dirigée par Charles travaille sur ce qui sera nommé le *Photo-Drame de la Création*. Ce sont deux ans de travail qui commencent.

Il s'agit d'un mix entre des vidéos, des prises de vue fixes, des discours et de la musique, d'une durée de huit heures, diffusé par séances de deux heures auprès du grand public. Son coût de fabrication est estimé à 300 000 dollars (équivalent à environ 2,5 millions de dollars actuels), auxquels il convient d'ajouter entre 150 000 et 200 000 dollars de frais pour les congrégations, chargées de la location de salles pour la diffusion du *Photo-Drame*. De la publicité est achetée dans les journaux afin de s'assurer une audience élevée. Le *Evening Telegraph* de New York fait ainsi paraître le 11 janvier 1914 une promotion sur une page complète ; la semaine suivante, la *Watch Tower* achète de nouveau une pleine page de publicité. Des affiches sont placardées dans les villes où ont lieu les représentations.

L'accent est mis avant tout sur la nouveauté offerte par la *Photo-Drame* ainsi que sur la gratuité. Et cela fonctionne, puisque, selon les chiffres donnés par l'entreprise, neuf millions de personnes assistent à l'une des représentations faites en Amérique, en Australie et en Europe.

Le livre du *Photo-Drame de la Création* est mis en vente. On y retrouve sur une centaine de pages les images principales et l'essentiel du message de Charles Taze Russell.

Dans cette œuvre, de multiples fantasmes occupent une place prépondérante, satisfaisant le public d'alors :

- la représentation « idéale » d'Adam correspond à un homme Blanc, parfaitement musclé et bien propre ; Ève est quant à elle une femme blonde ; il n'y a d'ailleurs sur le bassin mésopotamien que de parfaits Blancs ;
- dans le jardin d'Éden se trouve une fontaine dont l'eau jaillit comme dans les parcs modernes, un anachronisme qui ne semble choquer personne ;

- le Déluge a entraîné la période de glaciation, d'où la disparition des dinosaures vers l'an 2370 avant notre ère ;
- le Sphinx le plus majestueux d'Égypte se trouve être la tombe d'Adam, qui fut par ailleurs le premier Pharaon ;
- il y a 4000 ans, avant l'épisode de la Tour de Babel, il n'y avait qu'une seule langue sur terre (croyance toujours en cours chez les *Témoins de Jéhovah*) ;
- la grande pyramide de Gizeh est une création diligentée par Dieu, servant d'outil à l'identification de notre époque comme d'un moment prophétique important ;
- Dieu a arrêté le soleil pour qu'une journée dure plus longtemps, permettant aux Israélites de tuer plus de personnes (les *Témoins de Jéhovah* y croient encore actuellement) ;
- un homme, Jonas, a réellement vécu pendant 3 jours dans le ventre d'une baleine avant d'être recraché sur une plage et de reprendre ses activités normales (de même, les Jéhovistes assurent qu'il s'agit d'un fait avéré) ;
- les religions sont représentées comme des adorateurs du Dieu Dollar ;

Qui sont les Témoins de Jéhovah ?
Les origines

- « l'imprimerie [...], le télégraphe, le téléphone, la télégraphie sans fil, la lumière électrique, le gaz d'éclairage, les chemins de fer à vapeur ou électriques, les machines modernes, les commodités de la vie de notre époque [...] les charrues modernes à vapeur » sont autant de preuves que l'époque correspond à la prophétie biblique annonçant Armageddon ;
- « les géants de la finance » (dont font partie les religions) vont entrer en guerre avec les « organisations gigantesques du travail » ; ce sera le début de la bataille d'Armageddon. Il va s'en suivre « l'anarchie » sur toute la terre.

Le *Photo-Drame de la Création* rencontre un franc succès. Mais il amène avec lui des tensions interethniques.

Tensions interethniques

Le *Photo-Drame* met en avant des Blancs à travers chacune de ses vues : Adam, Ève, Moïse, Jésus, tout le monde est d'une couleur pure pour les *Étudiants de la Bible*. D'un autre côté, la *Watch Tower* a diffusé ces dernières années des textes exprimant l'infériorité des Noirs et l'inutilité de leur diffuser le message de l'entreprise. Tout à fait logiquement, les

Noirs n'ont pas leur place dans les lieux où est diffusé le nouvel instrument de propagande de Charles.

Selon *La Tour de Garde* du 1er avril 1914, des personnes quittent la salle lors de la représentation du *Photo-Drame de la Création*, pour la simple raison qu'il y a des Noirs dans l'assistance. Ces derniers finissent par être chassés par les organisateurs et placés dans la « galerie », c'est à dire aux places les moins bonnes, afin de poursuivre la diffusion auprès des Blancs.

Voici un extrait de l'article :

« Nous avons souhaité les respecter comme les autres. Mais tandis que les gens de couleur représentent environ 5% de la population de New York, dans nos auditoires ils sont 25% et leur nombre augmente. Que devions-nous faire ? Plus il y avait de gens de couleur, plus le nombre de blancs diminuait. En effet, une majorité de blancs préfère ne pas se mêler étroitement à d'autres races.

Reconnaissant que cela signifiait le succès ou l'échec de l'entreprise du Photo-Drame que respectent les blancs, nous avons été contraints d'affecter les amis de couleur à la galerie qui, cependant, est un tout aussi bon endroit que toute autre partie du Temple, pour voir et entendre. Certains ont été choqués par cet arrangement. »

Il ajoute : « Nous avons de nouveau suggéré que si un endroit approprié pouvait être trouvé dans laquelle le Photo-Drame pourrait être présenté pour des gens de couleur seulement, nous serions heureux de faire de tels arrangements, ou de coopérer avec d'autres pour le faire. »

Et plus loin : « Encore un peu de temps et le Royaume millénaire sera inauguré, qui apportera la restitution à toute l'humanité - la restitution à la perfection de l'esprit et du corps, caractéristique et couleur, à la grande norme originale que Dieu a déclaré "très bonne" et qui a été perdue pendant un certain temps par le péché, mais qui sera bientôt restaurée par le puissant royaume du Messie. »

Une nouvelle fois, les Noirs sont présentés en sous-race. Mais cette fois-ci le Noir est amené à retrouver la perfection prochainement, en retrouvant une couleur digne de Dieu.

Il ne se passe rien en 1914

1914 approche maintenant à grands pas. Il y a à travers le monde près de 1200 congrégations qui attendent avec impatience cette année et les évènements promis.

Ce qui doit venir est en effet sans précédent. Au travers tous ses écrits, la *Watch Tower* a promis un ensemble d'évènements, qu'elle estime alors devoir correspondre à Armageddon :

- la montée au ciel de tous les Saints pour régner aux côtés de Jésus, établi comme Roi depuis 40 ans ;
- le renversement de l'ensemble des gouvernements ;
- l'anarchie au niveau planétaire ;
- la destruction de toutes les religions ;
- la conversation d'Israël au christianisme et la gouvernance depuis Sion.

Charles mise plus que jamais sur ses prophéties. Comme il le rappelle en 1911 dans son livre *Le temps est proche*, « 1874 est le date de la seconde présence de notre Seigneur », ce qui signifie qu'il a pris sa place de Roi au ciel, que c'est un retour invisible. Et bientôt, très rapidement, tout le reste doit s'accomplir, sans faute.

Oui, mais s'il ne se passait rien ?

En août 1913, les Saints ne sont toujours pas partis au ciel. Toutes les prophéties de Charles Taze Russell sont en danger. Il est temps de réagir. La version française de *La Tour de Garde* met alors en garde les fidèles. L'article dit :

« Nous profitons de cette occasion pour rappeler à nos lecteurs, que nulle part, dans nos écrits, ils n'ont trouvé quelque chose de positivement établi concernant la clôture de cet âge, excepté que nous comprenons que « les temps des nations » se termineront en octobre 1914 et que, conséquemment, nous attendons, aussitôt après cette date, le transfert du gouvernement de la terre au grand Roi de gloire dans « un temps de détresse tel qu'il n'y en a point eu depuis qu'il existe une nation ». [...] En raisonnant sur la grande pyramide, nous avons suggéré la possibilité qu'un certain mesurage de l'escalier, à l'extrémité supérieure de la grande galerie, puisse indiquer quelque chose d'important pour la fin de 1910. Nous espérons avoir démontré clairement (en 1903 déjà) que nous ne fondions rien là-dessus ; c'était simplement une suggestion, une prévision (idée), une indication que l'année 1911 pourrait être regardée avec intérêt. [...] Pour ce qui concerne la date de 1914 que nous avons annoncée avec force et sur laquelle nous avons, à différentes reprises, exprimé notre foi, notre conviction, même pour ce qui concerne cette date, nous n'avons jamais parlé sciemment en termes infaillibles. Nous avons toujours dit que c'est un sujet de foi et de conviction plutôt que d'absolue connaissance. [...] Si notre connaissance était entièrement basée sur la chronologie, nous serions loin d'être certains de la date ». »

Dans la panique, c'est un rétropédalage énorme qui est réalisé. La *Watch Tower*, craignant que toutes ses prophéties de ce début de siècle soient erronées, soutient que jamais elle n'a été ferme sur une quelconque date ni sur la façon dont les évènements doivent arriver. Et ce n'est pas le seul article qui va dans ce sens.

En janvier 1914, alors qu'il ne reste plus normalement que 9 mois d'existence au monde tel que nous le connaissons, la version anglaise de *La Tour de Garde* évoque la possibilité qu'il ne se passe strictement rien en 1914.

Charles proclame alors ce qui suit :

« Si dans sa providence le Seigneur faisait venir ce temps vingt-cinq ans plus tard, alors la volonté du Seigneur serait également la nôtre. »

Mais l'été 1914 voit débuter une guerre sans précédent et la *Watch Tower* débute la parution de pages mensuelles nommées *The Bible Students Monthly*. Charles y affirme que « la guerre actuelle ne donnera aucune victoire marquante, ni d'un côté ni de l'autre. Suivra Armageddon. Les prières ne peuvent changer le divin plan des âges. »

En novembre 1914, la prophétie ne se réalisant pas, il ajoute dans *La Tour de Garde* :

« Si maintenant le temps de la fin se déroule peu à peu, quelle doit être la période pendant laquelle les institutions actuelles doivent être abolies et le présent ordre de choses condamné et détruit pour faire place au règne de la justice ? [...]

Nous pensons que cette période de transition durera un bon nombre d'années. »

En Angleterre, des fidèles, qui constatent qu'ils n'ont pas été enlevés au ciel comme prévu et voient la promesse de régner sous peu s'éloigner, abandonnent la *Watch Tower* et fondent la *Bible Students Publishing Company*, qui publie le journal *The Bible Student*.

Quant aux *Témoins de Jéhovah* d'aujourd'hui, ils clament quant à eux qu'il s'est bien passé quelque chose en 1914 : la première guerre mondiale a débuté. Et c'est la preuve incontestable que Jésus est devenu Roi de manière invisible au ciel cette année-là.

En effet, selon eux, Charles Taze Russell a réalisé le bon calcul, mais il n'a pas pleinement compris la signification de la prophétie. En 1914, il ne fallait pas attendre la fin du monde, l'Armageddon, mais le retour du Christ.

Rappelons que les Adventistes, et Charles lui-même, avaient utilisé cette même explication en 1874. Ils attendaient alors l'Armageddon mais rien ne s'est passé. Ils ont alors expliqué qu'ils avaient grâce à Dieu fait les bons calculs, déterminé avec précision une année, mais qu'ils n'avaient pas compris quel évènement était lié à 1874. À savoir... le retour de Jésus de manière invisible comme Roi.

Si le tour de passe-passe a fonctionné en 1874, pourquoi ne fonctionnerait-il pas à nouveau 40 ans plus tard ?

La Tour de Garde ne tarde d'ailleurs pas à faire disparaître totalement tout évènement lié à l'année 1874. Dès le mois de décembre 1914 la version française du journal lui préfère l'année 1872 pour annoncer un évènement d'envergure :

« Les Écritures nous disent qu'à la fin de notre âge on entendra le cri : 'Paix ! Paix !', mais qu'il n'y aura point de paix. Cette prophétie s'est accomplie. Quand le premier congrès international pour l'arbitrage se réunit à Genève et porta ses fruits, le 14 septembre 1872, sur toute la terre retentit le cri de 'Paix universelle'. Il ne devait plus y avoir de guerre ; tous les différends entre nations devaient être tranchés par l'arbitrage. [...] La formidable guerre actuelle qui a une portée beaucoup plus étendue que toute autre guerre antérieure, a infligé un rude démenti au cri de paix. »

Concernant la réalisation de la prophétie sur 1914, l'article nous explique également ce qui suit :

« Voilà quarante ans que nous annonçons cette guerre et son issue glorieuse, soit par des sermons verbaux et imprimés, soit par des livres intitulés « *Études des Écritures* » imprimés en vingt langues différentes. Maintenant que nous sommes arrivés à l'année décisive, celle où la prophétie est en voie d'accomplissement, pouvons-nous raisonnablement demander au Tout-Puissant de changer ses plans ? Evidemment pas, aussi le 4 octobre notre sermon avait-il pour texte les paroles du Maître relatives à 'l'angoisse actuelle régnant chez les nations qui ne sauront que faire... les hommes rendant l'âme de terreur dans l'attente de ce qui surviendra pour la terre'. »

Dans toute cette histoire, il est omis de manière délibérée un élément crucial : en octobre 1914, c'est à dire précisément au moment où il devait y avoir Armageddon, il ne se passa réellement rien du tout. La première guerre mondiale était déjà commencée depuis plusieurs mois. La *Watch Tower* a supprimé donc très vite la notion d'octobre 1914 pour n'en retenir qu'une : c'est 1914 qui est importante et a alors commencé la grande guerre. Donc Jésus est bien Roi depuis ce moment. Après tout, qu'importe si l'on s'est trompé tout autant sur la date que sur l'évènement, puisque dans les 12 mois de cette année-là a commencé quelque chose qui n'était jamais arrivé, à savoir une guerre mondiale.

Charles Taze Russell n'y croyait pas

Ce qui est le plus frappant, dans cette histoire, c'est que le Président des *Étudiants de la Bible* ne croyait lui-même absolument pas à cette prophétie.

Qu'est-ce qui permet de dire cela ?

- Assez étrangement, au vu des évènements à venir, Charles « souhaite à tous ses lecteurs une nouvelle année dans la joie et la prospérité » dans *La Tour de Garde* de janvier 1914.

- Alors qu'il encourageait les humains à devenir des proclamateurs de l'évènement, il continuait quant à lui de créer des sociétés sans aucun lien avec cette proclamation. Si vous aviez la certitude que Dieu allait « intervenir » dans les quelques mois à venir, est-ce que vous lanceriez des activités de vente de produits manufacturés ; est-ce que vous achèteriez des cimetières en vue de leur exploitation ? L'année même précédent la fin du monde, c'est à dire en 1913, la *United States Investment Company*, société détenue majoritairement par Charles, poursuit même ses acquisitions de terres et de bâtiments dans plusieurs États. Ce sont 28 maisons et des parcelles à Binghamton, des parcelles à Tacoma, une ferme à Rochester, une maison et une parcelle à Buffalo, une ferme dans l'Oklahoma, 108 parcelles au Texas, une maison et une parcelle près de Pittsburg et enfin 5500 acres de terres dans le Kentucky qu'il achète en peu de temps. Le 30 juin 1914, il va même jusqu'à créer une nouvelle société, la *International Bible Students Association*, à Londres. Il en est le Président. D'ailleurs, une source journalistique estime en 1914 la valeur des avoirs de Charles Taze Russell à plusieurs millions de dollars.

- Les Saints devaient monter au ciel avant 1914 pour régner aux côtés de Jésus. Dans le temps où devait s'accomplir cette prophétie, c'est à dire de 1908 à 1911, Charles a vendu du pseudo « blé miraculeux ». Une action qui, à n'en pas douter, l'aurait dispensé de devenir lui-même un « Saint » pour régner au ciel, non ?

Mais qu'importe. Les Témoins de Jéhovah continuent aujourd'hui de clamer que Charles a bien prophétisé l'avènement du Christ. Et ils se servent de cette date, 1914, pour déterminer que bientôt Armageddon va venir. Très bientôt même, bien entendu.

Des règles évoluent

En 1916, *La Tour de Garde* lance une campagne de proclamation, menée par les femmes. Chaque congrégation est chargée d'élire une présidente et une secrétaire-trésorière, qui doivent mener la campagne. Chaque « sœur » reçoit un territoire, dans lequel celle-ci a pour mission de réaliser du porte-à-porte, en vue de trouver de nouveaux fidèles.

Les personnes intéressées par le message sont conviées par les « sœurs » à un discours public, prononcé par un membre masculin de la congrégation. Seules les femmes sont ainsi formées pour la prédication ; de leur côté, les hommes sont invités à remplir un questionnaire de vingt-deux questions sur les croyances de la société, nommé *Verbi Dei Minister - Ministre de la Parole de Dieu* en latin. Quiconque obtient 19 bonnes réponses peut alors devenir représentant de la *Watch Tower* et enseigner en public. Cette « charge » ne peut absolument pas être supportée par une femme.

Les règles évoluent également quant aux hommes qui peuvent diriger les congrégations.

Ainsi, le 15 août 1916, *La Tour de Garde* exprime les conditions nécessaires afin d'occuper un poste de responsable dans la congrégation :

> « il ne serait pas sage de choisir comme ancien n'importe quel frère qui n'a pas lu au moins une fois les six volumes entiers des *Études dans les Écritures*, ou qui n'est pas un lecteur régulier de *La Tour de Garde* ».

Cet article en complète un autre, paru en janvier 1914 en France, qui donne un rôle secondaire au baptême dans le Christ, jugé moins important que l'étude des ouvrages de la *Watch Tower* :

« Nous ne faisons pas du tout du baptême d'eau une épreuve nécessaire pour acquérir le titre de frère, et tel frère qui n'a pas reçu l'immersion sera le bienvenu, nous en sommes convaincus, à la table du Seigneur, ou comme frère dans le Seigneur dans le sens le plus parfait du mot. »

Participation à la guerre

En Allemagne, *La Tour de Garde* diffuse en 1915 l'avis de décès de Max Nitzsche, soldat *Étudiant de la Bible* mort au front. La même année, un article évoque 350 soldats Allemands, membres des *Étudiants de la Bible*. Un document regroupant des lettres de ces soldats est publié par la Société, sous le nom *Briefliches von unserer Bruderschaft im Felde* (*Écrits de nos Frères aux Champs de Combat*).

Rutherford quitte le Siège

La guerre fait rage en Europe et au Siège de la *Watch Tower*, l'échec de la prophétie relative à 1914 est un nouveau coup dur. L'autorité même de Charles Taze Russell se trouve mise en doute.

Ainsi, en 1915, en raison de désaccords avec le Président, Joseph Franklin Rutherford est congédié du siège de la *Watch Tower* ; il redevient un avocat indépendant et gère des entreprises.

Il reste toutefois membre des *Étudiants de la Bible* et continue de faire des discours lors d'assemblées organisées par la Société. Mais alors qu'en 1913 par exemple il avait été amené à faire des conférences en Égypte, en Palestine, en Allemagne puis en Suisse, il doit se contenter dorénavant de discours aux États-Unis.

Joseph Franklin Rutherford profite de son temps libre pour écrire et faire également paraître son deuxième ouvrage, *Une grande bataille dans les cieux ecclésiastiques*, en 1916. Bien que ce ne soit pas la *Watch Tower* qui l'édite, Charles Taze Russell informe ses lecteurs de la parution du livre dans les pages de *La Tour de Garde*.

Décès de Russell

Charles Taze Russell est dans le train avec son secrétaire, de retour d'un voyage important. Mêlant comme toujours l'ensemble de ses affaires sans distinction, il revient d'une visite à sa mine d'argent de Santa-Fe au Nouveau Mexique, après avoir donné une série de réunions publiques pour la *Watch Tower*.

C'est donc en tant que passager d'un train que le 31 octobre 1916 le Pasteur s'éteint, à l'âge de 64 ans.

Quelques heures avant de mourir, selon *La Tour de Garde* du 1er décembre 1916, Charles Taze Russell demande à son accompagnateur et secrétaire, Menta Sturgeon, de lui faire une toge romaine pour vêtement. C'est ainsi habillé qu'il décède.

Le cadavre est exposé le samedi au « Béthel », le dimanche au Temple et le lundi dans le Carnegie Hall de Pittsburg, où un office est donné. Il est enterré dans une parcelle appartenant à la société *Watch Tower*.

Les causes de sa mort sont totalement inconnues. Selon de nombreux fidèles, il a été empoisonné. Son accompagnateur raconte que, pendant trois jours, il a fait plusieurs « crises », tremblant de froid et ayant de forts maux de tête, avant de mourir. Selon *Le Mystère Accompli*, qui sortira en 1917, Charles Taze Russell souffrit pendant 50 ans « constamment de douloureux mots de tête, provenant d'une chute survenue dans sa jeunesse ; pendant 25 ans, il fut, en outre, affligé par des hémorroïdes qui l'empêchaient de s'asseoir sur le siège le plus confortable. » Ce livre ajoute que « Depuis plusieurs jours, il était déjà en fait un moribond (il souffrait d'une cystite causée par la fatigue provenant des nombreux voyages et des sermons qu'il prononça). »

Pourtant, lors de son éloge funéraire, Joseph Franklin Rutherford parle de lui comme « un physique solide, un cerveau fertile, et un cœur courageux, entièrement consacré au Seigneur ».

À sa mort, en plus de ses parts dans de multiples sociétés, il laisse plus de 160 000 $ (équivalent à plus de 3,4 millions de dollars actuels), une partie étant investie en or, la seconde en devises et la troisième en titres du gouvernement américain. *Le Mystère Accompli* soutient pourtant en 1917 que « À l'âge de 30 ans, il possédait une fortune de plus de 300 000 dollars ; il mourut cependant pauvre ; toute sa fortune ainsi que les larges contributions volontaires reçues pour la cause de la vérité avaient été dépensées au service du Maître. »

Joseph Franklin Rutherford, l'avocat de la société, est bien logiquement le dépositaire testamentaire du défunt. Il profite de cette situation et de ses connaissances pour tenter de s'approprier l'entreprise.

Un comité exécutif transitoire doit être mis en place, en attendant l'élection le 6 janvier 1917 du nouveau Président. On trouve alors le 2 novembre dans le comité un Président, A. N. Pierson, un vice-Président, Ritchie, un Secrétaire-Trésorier, Van Amburgh, et enfin un Conseiller Juridique, Joseph Franklin Rutherford.

Ritchie, qui était déjà vice-Président du vivant de Charles Taze Russell, est bien entendu le favori pour diriger la Société.

Pourtant, fin décembre, Joseph Franklin Rutherford, qui avait été contraint quelques mois plus tôt de quitter le Siège de l'entreprise en raison de désaccords avec son Président, fait parvenir aux journaux l'annonce de son élection à la tête de la *Watch Tower*. L'article est programmé pour être édité le jour de l'élection, qui doit avoir lieu pourtant une dizaine de jours plus tard.

Rutherford s'empare de l'entreprise

À la surprise générale, l'ancien avocat de la *Watch Tower* est de fait élu à la tête de l'entreprise.

En effet, le 6 janvier 1917, Joseph Franklin Rutherford se retrouve seul candidat au poste de Président.

Six cents votants sont présents. Chacun est porteur d'au-moins une action de dix dollars ; les 600 votants représentent en tout quelques 150 000 voix. Le capital de la *Watch Tower* est de 1 750 000 dollars (équivalent à environ 30 millions de dollars actuels), incluant les 25 000 parts détenues par Charles Taze Russell lui-même.

Joseph Franklin Rutherford est élu Président, Pierson vice-Président et Van Amburgh Secrétaire et Trésorier.

Par plusieurs arrêtés, Joseph Franklin Rutherford se donne rapidement les pleins pouvoirs sur la Société.

Il se fait nommer « Juge Rutherford », titre que de nombreux membres des *Étudiants de la Bible* refusent de lui donner. Il n'a en effet, dans sa carrière, été juge que de manière temporaire, à savoir pendant quatre jours.

Joseph est par ailleurs marié et père d'un garçon ; ceux-ci ne vivront jamais avec lui au siège de la *Watch Tower*.

Charles Taze Russell aujourd'hui

Jésus, fondateur de l'entreprise

Le site officiel des *Témoins de Jéhovah* donne sa version de l'histoire du mouvement. La page « Qui est le fondateur des Témoins de Jéhovah ? » contient ce court texte :

> « L'histoire moderne des Témoins de Jéhovah a débuté à la fin du XIXe siècle près de Pittsburgh, en Pennsylvanie (États-Unis). Un petit groupe de chrétiens s'est mis à étudier la Bible de façon méthodique et sans a priori. Ils ont confronté les dogmes des Églises avec ce que la Bible enseigne réellement. Ce qu'ils apprenaient, ils le publiaient dans des livres, des journaux et la revue aujourd'hui intitulée La Tour de Garde annonce le Royaume de Jéhovah.
>
> L'un de ces Étudiants de la Bible — nom que s'était donné ce groupe — était Charles Russell.

Russell a joué un rôle de premier plan dans la diffusion du message biblique, et il a été le premier rédacteur en chef de La Tour de Garde. Il n'a pas pour autant fondé une nouvelle religion. Le but que poursuivaient Russell et les autres Étudiants de la Bible était de faire connaître les enseignements de Jésus et d'être fidèles aux pratiques de la congrégation chrétienne du Ier siècle. Jésus étant le Fondateur du christianisme, c'est lui que nous tenons pour le fondateur de notre foi (Colossiens 1:18-20). »

Quant à Charles Taze Russell, il était à n'en pas douter un homme strictement incomparable, comme le souligne *Le Messager de Laodicée*, publié en 1923 :

> « Le pasteur Russell [était] le plus grand interprète de vérités bibliques depuis l'époque de saint Paul, le douzième et le plus grand des apôtres de l'Agneau, et le plus ardent défenseur de « la foi transmise une fois aux saints » depuis Luther. »

Russell le misanthrope

Le livre *Les Témoins de Jéhovah - Prédicateurs du Royaume de Dieu* (1993), édité comme il se doit par la *Watchtower*, raconte la vie de Charles Taze Russell en omettant une partie essentielle de son travail : sa gestion d'affaires à travers les États-Unis.

Mieux, cet ouvrage va jusqu'à mentir en maintenant que Charles s'est débarrassé de ses biens pour tout donner au Christ. Voici ce qu'il nous est ainsi expliqué :

> « Très tôt, les Étudiants de la Bible se sont intéressés à ce que signifiait chercher d'abord le Royaume. Ils ont analysé la parabole de Jésus dans laquelle il compare le Royaume à une perle d'une valeur telle qu'un homme "s'en est allé vendre promptement tout ce qu'il possédait et il l'a achetée". (Mat. 13:45, 46.) Ils se sont interrogés sur le sens du conseil que Jésus a donné au jeune homme riche: celui de vendre tout ce qu'il possédait, de donner aux pauvres et de le suivre (Marc 10:17-30). Ils ont compris que s'ils voulaient être dignes d'avoir part au Royaume de Dieu, ils devaient en faire leur principale préoccupation, se réjouissant de vouer leur vie, leurs talents et leurs ressources à son service. Tout le reste ne devait occuper qu'une place secondaire dans leur vie.
>
> Charles Russell a personnellement pris ce conseil à cœur. Il a vendu son florissant commerce de vêtements masculins, a peu à peu réduit ses parts dans d'autres affaires, et a ensuite utilisé ses biens pour apporter aux gens une aide spirituelle (voir Matthieu 6:19-21). Il n'a pas fait cela pendant quelques années seulement. Jusqu'à sa mort, il a employé toutes ses ressources, ses

aptitudes mentales, sa santé et ses biens, pour communiquer à autrui le message important relatif au Royaume messianique. Lors de ses funérailles, Joseph Rutherford, l'un de ses collaborateurs, a dit à son sujet: "Charles Russell a été fidèle à Dieu, fidèle à Jésus Christ, fidèle à la cause du Royaume messianique." »

Pourtant, les faits sont clairs et ne laisse nullement de place au doute : Charles Taze Russell a concentré sa vie sur la création et la gestion d'entreprises, ainsi qu'à l'accumulation de biens matériels. Sans compter que, on l'a vu plus tôt, l'homme d'affaires n'a pas hésité à utiliser les journaux de la *Watch Tower* pour faire la promotion :

- de terrains qu'il avait à vendre ;
- de blé soi-disant miraculeux ;
- d'une entreprise d'articles manufacturés.

Rappelons également les multiples entreprises qu'il a fondé ou simplement géré depuis le siège même des *Étudiants de la Bible*. Les voici ici présentées. La date correspond au moment où Charles Taze Russell a créé ou s'est porté acquéreur de la société citée. Et afin d'être totalement clair et honnête, les entreprises liées à l'activité des *Étudiants de la Bible* sont soulignées.

1879   *Tower Publishing Company*

1879	*Russell & Thomas*
1881	*Pittsburg Scrap Metal Company, Limited*
1881	*Russell & Co*
1884	*<u>The Zion's Watch Tower Tract Society</u>*
1886	*United States Lubic Oil company*
1894	*Rock Fun Fuel and Gas Company*
1895	*Silica Brick Company Limited*
1896	*<u>The Watch Tower Bible and Tract Society</u>*
1896	*Pittsburgh Asphaltum Company*
1896	*United States Investment company*
1897	*Rail Way and Docks Construction Company of New York City*
1898	*Pittsburgh Kaolin Coke Company*
1900	*Brazilian Turpentine Company Limited*
1902	*United States Coal and Coke Company*
1904	*Solon*
1904	*Logan, Land and Whitehouse*
1905	*United Cemeteries Corporation*
1909	*<u>Peoples Pulpit Association</u>*

1914   *International Bible Students Association*

Cela est à mettre en relation avec ce qu'affirment, sans rougir, les possesseurs des *Témoins de Jéhovah*, toujours dans le livre *Les Témoins de Jéhovah - Prédicateurs du Royaume de Dieu* :

« Loin de s'enrichir par ses activités religieuses, Charles Russell a dépensé toutes ses ressources dans l'œuvre du Seigneur. Après sa mort, La Tour de Garde a écrit: "Il a mis toute sa fortune personnelle au service de la cause à laquelle il a consacré sa vie. Il recevait la somme de 11 dollars par mois pour ses dépenses personnelles. Il est mort sans laisser aucun bien derrière lui." »

Pourquoi un tel mensonge ? Parce que les fidèles sont invités à consacrer toute leur énergie, tout leur temps et toute leur vie à l'entreprise.

Depuis la Présidence de Rutherford, les *Témoins de Jéhovah* reçoivent en permanence des instructions les invitant à :

- ne pas faire d'études supérieures,
- ne pas chercher à obtenir un poste à responsabilité,
- ne pas se marier,
- ne pas avoir d'enfant.

À contrario, le temps doit être occupé à :

- faire de nouveaux adeptes,

- étudier exclusivement les livres de l'entreprise.

Et afin de s'assurer que l'adepte obéit scrupuleusement à ces consignes, une menace plane en permanence au-dessus de chacun : la mise à mort par Jéhovah lui-même, à Armageddon. Une fin du monde programmée pour demain... depuis la création du mouvement.

Pour en savoir plus, je ne puis que vous conseiller mon livre *Santé et Sexualité chez les Témoins de Jéhovah* (BoD, 2018).

Conclusion

Je clos ici mon travail de recherche sur l'histoire du Jéhovisme. Je l'aurai réalisé avec le désir de ne retenir que des faits ; ils permettent en définitive de comprendre ce qu'est vraiment la *Watchtower* : une simple société d'édition, comme il y en a tant d'autres.

Comme le dit *La Tour de Garde* de février 2017, « le Collège central n'est ni inspiré ni infaillible. » Pourtant, tous les fidèles *Témoins de Jéhovah* continuent de voir en cette entreprise l'instrument utilisé par Dieu pour dévoiler sa « Vérité ». La *Watchtower* tient l'ensemble de ses fidèles grâce à ses prophéties de fin du monde. Le jour où les *Témoins de Jéhovah* auront compris enfin qu'aucune prophétie jéhoviste ne s'est jamais accomplie, alors c'est l'ensemble de la structure qui s'écroulera.

Puisse ce livre permettre à toujours plus de membres de cette organisation d'ouvrir les yeux pour leur offrir la liberté si agréable qui les attend au sortir de la secte !

Si le thème des prophéties de la *Watchtower* vous intéresse, vous pouvez consulter gratuitement les livres d'une trentaine de pages *Les Prophéties (et autres choses farfelues) des Témoins de Jéhovah*. Vous pouvez les retrouver sur le site internet www.risquesectaire.org.

Et pour poursuivre l'histoire des *Témoins de Jéhovah* après la mort de Charles Taze Russell, je ne puis que vous conseiller l'excellent ouvrage de Raymond Franz, *Crise de Conscience*. Ancien membre du Collège central, le groupe d'hommes qui a été chargé par la suite de créer tous les dogmes et d'écrire toutes obligations faites aux *Témoins de Jéhovah*, il raconte sans ambages ce qu'il faut retenir de l'histoire du mouvement jusqu'à son départ en 1980 et même au-delà.

Et je lui laisse la parole pour clore ce livre :

« Examinez donc les affirmations parues sans discontinuer dans des articles de *La Tour de Garde* entre 1922 et 1923. Notez l'usage répété de termes tels que "incontestable", "exact sans l'ombre d'un doute", "absolument exact sans la moindre réserve", "un fait incontestablement établi", "certitude indubitable", "d'origine divine" — termes appliqués au montage chronologique tout entier, y compris 1799 (commencement des derniers jours), 1874 (commencement de la présence invisible du Christ), 1878 (commencement de la résurrection des morts), 1881 (moment où Russell fut établi en tant que serviteur du Seigneur), et aussi 1914, 1918 et la date prophétique la plus récente, 1925, dont il était dit qu'elle avait un "fondement biblique aussi solide que 1914". »

À propos de l'auteur

Expert sur les questions relatives au Jéhovisme, Alexandre Cauchois est Correspondant du Groupe d'Études des Mouvements de Pensée en vue de la Protection de l'Individu (GEMPPI) pour la région Normandie.

Il réalise régulièrement des conférences sur les *Témoins de Jéhovah* et les multiples aspects de leur histoire et de leurs croyances. Il est également auteur de *Histoire Insolite et Secrète des Témoins de Jéhovah* (BoD, 2016) et de *Santé et Sexualité chez les Témoins de Jéhovah* (BoD, 2018).

Qui sont les Témoins de Jéhovah ?
Les origines

© 2018 Alexandre Cauchois
Edition : BoD - Books on Demand,
12/14 rond-point des Champs Elysées, 75008 Paris Impression :
BoD - Books on Demand GmbH, Norderstedt, Allemagne
ISBN : 9782322123674
Dépôt légal : Mai 2018